*WENN LIEBE EXPLODIERT*

----------

## In der Liebe verborgen ist
## DIE WELTFORMEL

Das Titelbild habe ich bei der Fa. ClipDealer GmbH in
80336 München erworben und für meine Zwecke bearbeitet.
Darüber hinaus habe ich ohne jegliche fremde Hilfe
und nur mit den notwendigen Recherchen im Internetz
dieses Buch in 2 Bänden selbst geschrieben und gestaltet.

Deshalb mag man mir nachsehen, dass es trotz mehrfachen
Korrekturlesens wohl immer noch Unschärfen und formale
Mängel geben wird, etwa die der Orthographie, der Grammatik,
der ungewollten Wiederholungen und Flüchtigkeitsfehler.

Bibliografische Information der Deutschen Nationalbibliothek:
Die Deutsche Nationalbibliothek verzeichnet diese Publikation
in der Deutschen Nationalbibliografie;
detaillierte bibliografische Daten sind im Internetz
über http://dnb.dnb.de abrufbar.

© 2018 Otto Bohnet

Herstellung und Verlag
BoD – Books on Demand, Norderstedt

ISBN: 9783748129295

# Inhalt Band 2

- EINE KURZE EINFÜHRUNG IN DIE 2-BÄNDIGE
  SCHRIFT ZUR LIEBE UND WELTFORMEL..................7
- DAS HERZ DER WELTFORMEL -
  „WAS DIE WELT IM INNERSTEN ZUSAMMENHÄLT"..........11

    Die Urkraft..................................................................11
    Die Urkraft, das Chaos und der Wärmetod....................26
    Meiner Urkraft und Ihres Gottes Eigenschaften............31
    Der Sinn von Sein im Zentrum von Zeit........................42
    Wie ich die Weltformel fand – verborgen dort,
    wenn Liebe explodiert..................................................56
    Das wandelnde Durchdringen......................................68
    Das Bewusstsein im Licht des Eros...............................96
    Statistik des Todes
    unter Merkels Willkommen-Politik...............................102
    Das Anschmiegen und
    die Verschmelzung in der Liebe....................................109
    Die Urkraft in der Liebe – das Teufelchen.....................118
    Das Initiale Feld der Liebe............................................121
    Orpheus und Eurydike
    und das Kritische Feld der Liebe...................................124
    Der Homo erotus..........................................................137
    Die grundsätzlichen Forderungen
    der Urkraft an uns........................................................146

# EINE KURZE EINFÜHRUNG IN DIE 2-BÄNDIGE SCHRIFT ZUR LIEBE UND WELTFORMEL

Mit Recht kann ich sagen, dass dieses Schriftwerk in 2 Bänden das mit Abstand aussagekräftigste und bedeutendste der gesamten Weltliteratur ist. Denn es behält auch für alle Ewigkeit seinen Wert und nicht nur für eine Epoche anerzogener Mode und Zeitströmungen, ist also nicht nach wenigen 1000 Jahren überholt und ungültig.

Sie finden hier die Antworten auf die größten Fragen, die sich der Menschheit seit etwa 5000 Jahren gestellt haben; das ist vorab mein Versprechen. Und es geschieht nur und ausschließlich ohne Wunderglauben, Phantasmen, Hokuspokus und sonstige alles-und-nichts-sagende Irreführungen mit dem Nostradamus-Effekt, sondern streng nach den von der Physik anerkannten Naturgesetzen. Die Fragen hierzu lauten:

- **Was ist die Kraft, die die Welt im Innersten zusammenhält? Was ist so denn die Urkraft?**
- **Was ist der Raum?**
- **Was ist die Zeit?**
- **Können sich Raum und Zeit krümmen, wie von Einstein behauptet?**
- **Welche Bedeutung hat das große Rätsel Liebe?**
- **Gibt es eine Gottheit bereits seit aller Ewigkeit, oder ist sie Teil erst von Zukunft?**

- Gibt es eine Antwort auf die größte Provokation für das Leben, den Tod?
- Gibt es folglich eine irdische Unsterblichkeit außerhalb der Wunder und Phantasmen eines nie nachweisbaren Jenseits?

- Was ist der Mensch und wohin geht er?
- Welche Arten der Intelligenz gibt es?
- Welche Bedeutung hat der Logos, das Wort?

- Was sind die Werte etwa des Friedens und der Freiheit, des freien Willens und der freien Meinung – ganz im Gegensatz zu den vorherrschenden Interpretationen der Gegenwart?

- Wie entstand die Sexualität, und welche verheerenden Folgen hat sie für die Menschen dort, wo sie nur einem Selbstzweck dient und ohne Liebe ist? (In unserer Gesellschaft wird jedoch die Sexualität penetrant mit Liebe verwechselt!)

Die Konsequenz des übernommenen Erbes aus dem Tierreich ist daher etwa das Fressen und Gefressenwerden, was für den Menschen aber zum Bösen wurde – das Böse, das da ist:

> die Aggression
> die kriminelle Energie
> die böswillige Manipulation
> die arglistige Täuschung
> die Gier
> die Habsucht
> das Maßlose
> der Raub und Raubmord
> die Vergewaltigung

**der Totschlag
der Mord
die Anstiftung zu Bürgerkriegen, Kriegen
und Völkermord**

Aber auch andere bedeutende Rätsel sind von mir gelöst worden, etwa die Sinnfrage um das biblische Grauen in der Geschichte von **Abraham und Isaak** und um das antike Drama **Orpheus und Eurydike**, woran sich die größten Geister vergeblich zu messen versucht haben.

Derart weitreichend waren sinnvolle Antworten jedoch nur möglich durch meine Erkenntnisse über die Liebe. Sie allein ist der Schlüssel für die Lösung vielschichtiger Probleme, vor die uns nicht nur die Gegenwart stellt, sondern auch noch die Zukunft stellen wird.

Warum ich jedoch nicht bereits einige hierfür fällige Nobelpreise bekommen habe? Meine Antwort: Ich verweigere die Annahme jeglicher Auszeichnung akademischer Art wie auch von Nobelpreisen.

Warum ich das mache? Das habe ich bereits vor Jahren in meinen inoffiziellen Schriften an Politik und Medien genau begründet, was ich zu meinem Bedauern hier allerdings nicht offenlegen darf – das armselige Zeugnis von der nur vorgetäuschten und prahlerisch aufgeblasenen Freiheit der Meinung und Literatur.
(Ohnehin sind meine Erkenntnisse keine Meinung, wie etwa die der Unwissenden, der Ahnungslosen und Gutgläubigen, sondern das **Wissen** von der unermesslichen Bedeutung für unser aller Leben.)

Schließlich – beachten Sie bitte, dass ich dieses Buch in 2 Bänden aus finanziellen Gründen ohne jegliche fremde Hilfe und nur mit den notwendigen Recherchen im Internet selbst geschrieben und gestaltet habe. Deshalb mag man mir nachsehen und entschuldigen, dass es trotz vielfachen Korrekturlesens wohl immer noch Unschärfen und formale Mängel geben wird, etwa die der Orthografie, der Grammatik, der ungewollten Wiederholungen und Flüchtigkeitsfehler.

## ➢ DAS HERZ DER WELTFORMEL
## „WAS DIE WELT IM INNERSTEN ZUSAMMENHÄLT"

----------

**Zum Herz der WELTFORMEL gehört auch
der PROLOG in Band 1**

### DIE URKRAFT

Die Frage hierzu lautet: Welche Kraft steht über allen anderen Kräften der Natur und ist nicht nur der Dirigent der 4 bekannten Grundkräfte auf der leblosen Ebene Maerie+Energie, sondern auch von denen auf der lebendigen Ebene Sein+Zeit?

Diese gesuchte Urkraft ist die **QUANTENNATUR**, bislang unzureichend als **Quantenmechanik** benannt.
Es ist die Quantennatur und dort das Heisenbergsche Unschärfeverhältnis zwischen Ort und Impuls mit den Eigenschaften des provokanten Zufalls und des provozierenden Unerwarteten.

Diese sind eine Folge aus dem überraschenden Moment der Unbestimmbarkeit von Ort und Impuls in deren Gleichzeitigkeit.

Das Unschärfeverhältnis hat nichts zu tun mit dem von Einstein angenommenen isolierten Ereignis des Würfelspiels, siehe seine Äußerung: „Gott würfelt nicht."[1]

Das Würfelspiel birgt, wie von ihm definiert, in seiner Harmlosigkeit nicht die weiterführende Provokation, erwirkt so auch keine Reflexion oder Reaktion und schließlich auch keine Interpolation, die jedoch aus dem Moment der Überraschung und damit aus der Provokation des Zufalls und des Unerwarteten in der Quantennatur hervorgehen.

Jedoch, selbst das Würfelspiel birgt im dichten Kausalnetz aller Ereignisse und aller *Zeiten[2] die Provokation, wenn zunächst auch kaum wahrnehmbar. Somit endet das Ereignis nicht im gefallenen Würfel, sondern hat hier erst seinen wesentlichen Beginn.

Siehe dazu auch die Erkenntnis der modernen Chaosforschung, wonach der Flügelschlag des Schmetterlings in Peking die Ursache ist für den Hurrikan in der Karibik,

---

1   Der Originaltext ist umfangreicher und stammt aus 2 Briefen: zum einen an Max Born vom 04.Dezember 1926,, zum anderen an Cornelius Lanczos vom 21. März 1942. Beides oft vereinfacht zitiert als „Gott würfelt nicht". Der erste gehört zum **Briefwechsel Einstein/Born 1916-1955**, erschienen im **Nymphenburger Verlag**, München 1969, S. 129 f., und bei rororo Reinbek 1972, S. 98. Der zweite stammt aus dem Einstein-Archiv 15-294, zitiert nach Einstein, Briefe, Seite 65, zitiert nach Alice Calaprice (Hrsg.): **Einstein sagt**, **Piper-Verlag**, München, Zürich 1996, ISBN 3-492-03935-9, Seite 146. Auch bei Dieter Hattrup. Sekundär-Quelle Internetz-Portal Wikiqote: Albert Einstein-Wikiquote, dort unter Naturwissenschaft.

2   Der Begriff Zeit ist an dieser Stelle nach meinen Erkenntnissen nicht angebracht. Dennoch verwende ich ihn zum besseren Verständnis, allerdings mit Sternchen: *Zeit. (Siehe auch meine Anmerkung in Band 1.)

einschließlich aller Querverbindungen zu weiteren Ereignissen, den exogenen, den von außen wirkenden Zufällen.

In diesem Prozess kann nicht mal mehr ausreichend erkannt werden, wo eigentlich das Ereignis der Gegenwart, hier das Verhängnis, seinen Ursprung hatte.
Oder doch!? Denn es geht in der Tat zurück bis in das originäre Chaos im Wirken der Urkraft, an allen Anfang.

Die Verharmlosung des Zufalls in ihrer ganzen epischen Breite wird auch im Buch **Herkunft und Zukunft des Menschen** von Prof. Dr. Dr. Dr. (!) **A. Ernest Wilder Smith** dokumentiert.
Sogar gebildete und scheinbar logisch denkende Menschen beweisen mit geistigen Winkelzügen, dass die Bibel doch Recht hat und es da einen Gott gibt und dass die Welt überhaupt erst ein paar 1000 Jahre existiert.

Denn auch er, Wilder Smith, verharrt bei seiner Theorie auf der niedrigen Stufe des Zufalls, wonach in alle Ewigkeit die Quantennatur mit ihrer Wesenheit der Provokation und Herausforderung jedoch keine Welten schaffen und zerstören könnte, sodass wir auch überhaupt nicht wären. Und es gäbe nicht mal eine wilde Gegenwart!

Wäre nun aber der Prozess in der Unschärferelation, im Unschärfeverhältnis zwischen Ort und Impuls, nur tot, wäre auch alles nur tot, ohne lebendige Provokation.
Es wäre, wie im Fall Einstein, allein der tote Zufall dieses Ernest Wilder Smith, der uns erklärt, wie unmöglich es doch ist, eine große Anzahl weißer, unbeschriebener Karten aus einem Flugzeug in 2.000 Metern Höhe so zu

werfen, dass sie auf dem Dach seines Hauses in der Schweiz zufällig auch eine Buchstabengruppe mit den Initialen seines Namens (AEWS) bilden könnten.

Wilder Smiths Spielerei mit den Karten ist jedoch, wie bei Einstein das Würfelspiel, überaus harmlos, und zu mehr reicht es nicht in beider Gedankengängen.

Allerdings gibt es in der Tat die sehr bedeutungsvolle kausale Kette der Ereignisse auch beim Abwurf der Buchstabenkarten aus dem Flugzeug, nur nicht so, wie von Wilder Smith gewünscht.
Diese reale Kausalkette könnte z.B. so oder so ähnlich aussehen:

- Karten fallen nicht nur auf das Dach seines Hauses, sondern auch auf die Erde –

- Eine Karte fällt neben einen Käfer, der dann zufällig darüber kriecht –

- Diese auffällige Bewegung mit dem weißen Hintergrund nimmt ein Vogel wahr –

- Im schnellen Flug hin zum Käfer übersieht er einen rasant fahrenden Wagen auf der Straße, die er bei seinem Flug kreuzt –

- Der Vogel zerschmettert an der Windschutzscheibe des Wagens –

- Der Fahrer erschrickt, verreißt das Steuer und prallt gegen einen Baum –

- Er verunglückt tödlich –

- Seine Familie, die er hinterlässt, gerät in tiefste seelische und existenzielle Not, sodass für sie alles sinnvolle Leben aus den Fugen gerät – und so fort ...

Genau das erst macht die Wesenheit des Zufalls aus: das zunächst völlig Unerwartete und dann der Fortgang der Ereignisse in einer kausalen Kette mit auch allen Querverbindungen.
Denn diese Ereignisse selbst sind wiederum für andere Ereignisse eine Herausforderung und Provokation. So bildete sich auch das dichte Kausalnetz aller Ereignisse und aller *Zeiten.

Man beachte zwei wesentliche Dinge in dem dargestellten Beispiel:
Zum einen: Natürlich hat auch schon das Hinabwerfen von Buchstabenkarten selbst einen Grund. Der liegt darin, dass Wilder Smith von der Evolutionstheorie dazu herausgefordert, provoziert wurde, mit diesem Kartenspiel und seiner eigenen und eigenwilligen Interpretation des Ereignisses die Evolution zu widerlegen und seinen Schöpfergott als originär zu beweisen, ihn allem überzuordnen.

Bei seiner Darlegung ging er zunächst von einer falschen Voraussetzung aus und machte demzufolge auch noch die falsche Schlussfolgerung. Denn er wollte etwas bereits sehr genau Definiertes mit seinen Karten erreichen, sodass er damit jedes andere Ergebnis aber ausschließen musste, es einfach ignorierte.

Was er mit der Kartenspielerei vorhatte, war daher nicht durchdacht und nur billig konstruiert. Denn was er von den Karten verlangte, ist Utopie, weil damit a priori nicht beweisbar ist, was bewiesen werden soll.
Einfacher: Evolution mit ihrem Zufall funktioniert so nicht. Es kommt hierbei zunächst immer etwas heraus, was auch nur zufällig entsteht.

Dass demgegenüber der Mensch gezielt forschen und probieren kann, um recht bald ein gewünschtes Ergebnis zu bekommen, liegt darin begründet, dass er es als nahezu erstes Wesen auf Erden versteht, Abläufe und Ergebnisse bereits beim Erdenken und Vordenken in einem gewissen Umfang zu harmonisieren, wobei ihm jedoch sein Verstand sagt, dass die Wunschvorstellung des Wilder Smith nur ein Phantasma und damit unerfüllbar ist, im Komplex von **Versuch+Irrtum** eben der Irrtum.

Und damit war er, Wilder Smith, auch bei der falschen Schlussfolgerung angelangt, wonach für ihn mit seinem Kartenwurf bewiesen ist, dass das Prinzip Zufall der Evolution nichtig und sein Gott auch ein Schöpfergott sei.

Folgerichtig ist somit aber auch Wilder Smith selbst das glänzende Beispiel für die Wesenheit der Quantennatur (der Urkraft) mit ihrem evolutionären Wirken und so auch mit der Unbestimmbarkeit, dem Zufall, dem Überraschenden und Unerwarteten, das in allem vorhanden ist, was ist und geschieht, auch in uns selbst und also auch in Wilder Smith:

- zunächst herausgefordert durch die Evolutionstheorie

- dann sein eigenes gedankliches Experiment zur Widerlegung der Theorie

- und das (vorhersehbare) negative und so auch gewünschte Ergebnis

- allerdings – das Wesen der Quantennatur! – es gibt ein ganz anderes, zufälliges Ergebnis, das eine Kausalkette hervorruft, die von ihm als Möglichkeit aber unbeachtet bleibt

Ich komme zum vorausgegangenen Beispiel zurück: Für den tödlich verunglückten Familienvater endet abrupt alle Kausalität, denn er war am falschen Ort zur falschen Zeit. Mit seinem Tod aber hat er keine Rezeptoren mehr, die auf ein Ereignis, welches auch immer, kausal reagieren könnten. Denn der Tod ist für ihn die totale Aus-Zeit: **Das-nicht-mehr-auf-irgendwas-reagieren-oder-reflektieren-können**.

Demgegenüber hat dieses Ereignis für seine zurückbleibende Familie, Frau und Kinder, die Richtung gebende Bedeutung einer ganz neuen, unerwarteten kausalen Kette mit den auch unangenehmen Folgeereignissen, die es für sie zu meistern gilt, um nicht ebenso unterzugehen.

Allerdings kann das Geschehen im Wirken der unbestimmbaren Quantennatur auch eine positive Wende im Schicksal erfahren, die beispielhaft so aussehen könnte:

Wie zumeist ohnehin, steht kein Baum an der Unglücksstelle. Der Fahrer, hier zufällig unverheiratet und einsamer Einzelgänger, kommt mit dem Schrecken davon, während er aber doch auf dem Acker landet.
Hinter ihm folgt ebenso zufällig eine hübsche Fahrerin, die zufällig auch ledig und einsam ist. Sie hat das Geschehen beobachtet, hält an und schaut besorgt nach dem Fahrer. Liebe auf den zweiten Blick – und so fort ...

Somit gehört es zur Eigenart der Urkraft, dass sie das Böse wie das Gute, aber auch das Falsche wie das Richtige und das Dumme wie das Kluge gleichermaßen geschehen lässt, so oder so auch bestimmend für den Fortgang der Ereignisse.

Meine Erkenntnis zu diesem kausalen Prozess mit seinem Ursprung im Chaos (eine Erkenntnis, wie sie später auch von der Chaosforschung bestätigt wurde), ist der markante Hinweis darauf, dass die Urkraft, die Quantennatur, die Kausalität erst geschaffen hat, während sie selbst akausal ist; denn an allem Anfang war nur das reine Chaos.

Mit und nach diesem Chaos ist jedoch auch ein dichtes Kausalnetz aller Ereignisse und aller *Zeiten entstanden. Hierin offenbart sich eine auffällige Eigenschaft der Urkraft, wenn diese selbst akausal ist, jedoch mit ihrem Wirken, aber ohne einen Willen, die Kausalität schafft.

In dieser Kausalität wiederum liegt erkennbar dennoch die Vorsehung begründet, die allerdings erst vom bewussten Sein wahrgenommen und entschlüsselt werden kann, um daran folglich den eigenen Willen ausrichten und somit das Geschehen harmonisieren und z.B. die Zukunft auch des Menschen bewahren und gestalten zu können. Somit ist diese Provokation sichtlich der Übergang zur Kausalität, die in der Reaktion und Reflexion beginnt, während die Quantennatur, die Urkraft selbst, völlig akausal ist, sodass in ihrem ursprünglich unbestimmbaren Wirken auch das scheinbare Phänomen entsteht, wonach Etwas aus dem Nichts hervorgeht, was aber lediglich eine Irritation ist, die das akausale Prinzip der Quantennatur bestätigt.

Allerdings kursiert in der Physik auch heute immer noch das Gerücht, dass aus dem Nichts etwas hervorgehen kann. Das aber ist nichts anderes als genau diese Irritation im Wirken und Wesen der Quantennatur, wovon ich hier spreche. Denn es gilt allemal: Aus dem Nichts heraus kommt und wird nichts. Es geschieht und ist alles nur im Nichts, im Raum, der das Nichts ist.

Es entsteht jedoch der Satz vom Grunde: Es ist etwas, weil es einen Grund gibt, dass etwas so ist, wie es ist. Und weil ich so denn auch durch etwas provoziert oder herausgefordert werde, reflektiere oder reagiere ich kausal. Das aber bedeutet nicht, dass auf Anhieb oder überhaupt jemals richtig ist, wie ich reagiere oder reflektiere. Und so auch die darauf folgende Interpolation, der nächste, der sich dem Gelingen nähernde oder auch entfernende Versuch.

Dass nun der Mensch in der Methodik bei Forschung und Erfindung genau dasselbe macht wie die Urkraft, nämlich das Versuchen mit den dann unvermeidlichen Folgen des Verwerfens und des neuen Versuchs, ist keineswegs der

Natur nur abgeschaut, sondern dem Menschen auch angeboren und wieder ein markanter Hinweis darauf, dass die Urkraft auch im Menschen wirkt wie allüberall in der leblosen wie lebendigen Natur.

Hier gibt es jedoch einen Unterschied zum unbewussten Wirken der Urkraft, wenn der Mensch aber ein Wesen ist, das bewusst und konzentriert diese Methodik anwendet, weil es mit seinem Wollen gezielt etwas erwirken oder auch nur erkennen will.

Folglich haben wir mit dem Menschen den beschleunigten Versuch in einer bewussten Ordnung und Anordnung der Abfolge des Versuchs. Das hängt daher nicht mehr vom leblosen Versuch des Zufalls im chaotischen Durcheinander der Urkraft ab, worin unvermeidlich eine lange Kette von Irrtümern entsteht, die in der Regel eine auch sehr lange Dauer des Versuchens erfordert.

Ich denke hier beispielhaft daran, dass der Mensch einen Kunststoff herzustellen vermag, der härter und zugleich wesentlich leichter und hitzebeständiger ist als Stahl, um damit z.B. für die Raumfahrt gerüstet zu sein.
Das hat die Urkraft in ihrem leblosen Wirken gleichwohl noch nicht „erfunden", aber in ihrem lebendigen Wirken über den Menschen dennoch hervorgebracht, jedoch nur, weil sie auch in ihm gegenwärtig ist und wirkt.

Und doch können wir wohl auch nicht mit absoluter Gewissheit sagen, ob es den vom Menschen geschaffenen Kunststoff nicht schon längst irgendwo im Makro-Kosmos ohne die Mitwirkung eines menschenähnlichen oder anderen Wesens gibt.

Wenn man hier von Kunststoff spricht, dann wird es dem Vorgang nicht so ganz gerecht, weil man hierunter etwas Künstliches versteht, etwas, was künstlich hergestellt wurde, ohne die reine Kraft der Natur.
Betrachtet man das jedoch unter dem eben beschriebenen Blickwinkel, so hat es nichts wirklich Künstliches an sich, weil nur mit dem Menschen ein beschleunigtes Ergebnis möglich ist, aber auch allein im Wirken der Urkraft.

In der modernen Kunst finden wir allerdings leider nur zu oft auch eher das Verkünstelte als das Können. Als Beispiel nenne ich mal die alle 5 Jahre stattfindende Kasseler Documenta, auf der sehr viel Schrott, Abfall und eben solch Verkünsteltes ausgestellt wird, aber nur, um aufzufallen.

Man denke hier jedoch auch an diverse hoch gehandelte Künstler wie Picasso, Beuys, Braque, Bunuel und wer sonst noch zu nennen ist. Sie machen sich darüber hinaus, siehe Picasso, auch noch lustig über „die Blödheit, Eitelkeit und Raffgier" der Menschen und verhöhnen die so Genasführten.

Das Paradox: Diese Menschen wurden erst von ihnen selbst, von Picasso und Konsorten, gierig, eitel und blöd gemacht!
Mein Rat: Gerät man aber dennoch in ein Museum dieser modernen Kunst, schaut man hin, macht einen Witz, lacht und geht weiter.

Die Macher, die uns sagen, was Kunst ist, sie tun jedoch immer so, als hätten sie gerade das Rad neu erfunden, während es aber nur des Kaisers neue Kleider sind, die wir zu sehen bekommen: viel Geprahle und Geprotze um Nichts.

Und das gilt auch für das, was diese Macher sonst noch aus dem verborgenen Hintergrund mit neurotisch zwanghaftem Trieb veranstalten, aber nur, um die Welt anders zu gestalten, als sie in tausenden Jahren gewachsen ist und was schon immer als gut und schön empfunden wurde. Hier sind ein paar, wenn auch banale, so aber doch markante Beispiele zu nennen: die Machart von Jeans-Hosen sowie Tätowierungen und das Piercing in Nase, Mund und Scham.

Die beiden Letzteren verhunzen und entstellen die natürliche Schönheit des Körpers, ganz abgesehen davon, dass Tattoos auch gesundheitsschädlich sind.
Und die verschlissenen, künstlich und absichtlich an Knien und sonst wo verrissenen Jeans, deren Hintern-Teile dann auch noch bis auf die Kniekehlen herunterhängen …, sie sind nichts anderes als der dröge Versuch, deutsche Tugenden von Liebreiz, der Sauberkeit, der Ordnung und des Hübschen zu konterkarieren und dafür das Schrille, das Schräge, das Schlampige, das Affige, die Unordnung, das Absurde und das Absonderliche in den Vordergrund zu stellen …

… erbärmlich und, wie auch die sogenannte „sexuelle Revolution" der 68er-Generation, nur ein Teil vom Programm der Umerziehung und gründlichen Verdummung, sodass unbedarfte Kinder und Jugendliche dem in Scharen folgen, weil sie dem negativen Einfluss der Medien ausgeliefert sind und die Eltern, soweit sie überhaupt noch ihren klaren Verstand haben, dem machtlos zusehen müssen. Es ist der Zug der Lemminge: weg von den hohen deutschen Tugenden, von denen die Liebe die höchste ist, und hin zur Schweinephilosophie der Gegenwart.

Schließlich aber noch ein schönes Beispiel für den Unterschied zwischen Kunstfertigkeit und Künstlichkeit gibt es bei den Nahrungsmitteln, bei der Zubereitung von Speisen:
Es ist die gute Kunst des Kochs, aus natürlichen Zutaten wohlschmeckende und auch gesunde Speisen zu bereiten, während in unserer Welt hemmungsloser Profitsucht die Lebensmittelhersteller, bzw. Hersteller von Fertiggerichten, und die Getränkemixer Speisen und Getränke oft mit den in der Chemieküche künstlich hergestellten Ersatzstoffen regelrecht verpanschen und vergiften dürfen.

Dabei wird das Gift hingegen nicht als Gift deklariert, obgleich oft Speisen und Getränke keineswegs gesund sind, vielmehr krank machen und nur den täuschenden Geschmack von Gut haben.

----------

Zurück zu den Versuchsreihen in den Labors: Sie schließen nicht aus, dass hierbei die Ergebnisse zufällig und oft unerwartet sind, denn die Aktionen sind von vornherein darauf ausgelegt, ein Ergebnis zu bekommen, ob nun gewünscht, wie bei der Erfindung, oder auch mit ganz anderem, dem eben noch völlig unerwartetem Ergebnis, siehe die Forschung, insbesondere die Grundlagenforschung. So wurde 1928 z.B. auch das Antibiotikum

Penicillin nur zufällig von dem Bakteriologen Alexander Fleming entdeckt.

Wir kennen jedoch auch in den harmlosen Vorgängen des Alltags das Wirken der Urkraft: **Die Tücke des Objekts** hat sicher jeder schon mal erlebt: Es fällt etwas zu Boden und wir können es, trotz eifrigen Bemühens, einfach nicht mehr finden, bis dann irgendwann, auch nur zufällig, das Verlorene wieder auftaucht.

Oder man denke an die sinnigen Sprüche: „Erstens kommt es anders, zweitens als man denkt" und „Unverhofft kommt oft". Sehr schön ist auch hier das Wirken der Urkraft erkennbar mit seinen Ingredienzen des Unerwarteten und Überraschenden, im Kleinsten wie im Größten.

Auch der **Kommissar Zufall**, der in der Kriminalistik sogar eine nicht unwesentliche Rolle spielt, gehört in diese Reihe. Er gibt der Lösung eines Falles entweder eine urplötzliche Wende oder bestätigt vollauf und beweiskräftig das Vermutete mit den bereits vorliegenden Indizien.

Was nun darüber hinaus aber auch im Widerspruch zwischen Gut und Böse geschieht, kann jedoch nicht mit der „Unergründlichkeit Gottes" abgeschoben werden. Denn ich habe zweifelsfrei das Wirken der Urkraft ergründet, mit dem Ergebnis, dass auch nicht im Entferntesten das Wirken eines Gottes erkennbar wird, weil das, was bereits geschah und jeden Tag wieder geschieht, eines Gottes nicht würdig ist.

Die Urkraft hingegen, wie ich sie erkannt und beschrieben habe, sie erklärt bis in die letzte Einzelheit allen Widersinn, die Unbill, die Tragik, das Leid, die Not und das Sterben nicht nur des Menschen hier auf Erden, weil sie selbst chaotisch ist und den Widersinn in sich trägt.

Aber es erklärt über das hinaus auch die gebotene Antwort, mit der nur diese Gottheit sein wird, die wiederum allein ein Teil von Zukunft ist, geboren aus dem erfolgreich geforderten Verstand des Menschen im Wirken der Urkraft.

## DIE URKRAFT, DAS CHAOS
## UND DER WÄRMETOD

Die von der Wissenschaft im Zusammenhang mit dem Chaos genannte **Entropie** verweist darauf, dass mit fortschreitender Harmonisierung in gleicher Weise diese Entropie zunimmt. Das Fremdwort Entropie versteht sich als das Maß von Chaos, „das Maß für den Grad der Ungewissheit über den Ausgang eines Versuchs". Ein etwas schwer zu verstehender Gedanke mit einem aber möglichen Paradox, worauf ich nicht näher eingehen will, allerdings auch, weil ich das wohl selbst nicht ganz verstanden habe.

Nicht richtig ist jedoch die Schlussfolgerung, dass wir durch die angenommene fortlaufende Zunahme der Entropie im letzten Ergebnis nur das Ende aller Ereignisse im gesamten Universum hätten.
Denn die unerbittliche Folge wäre, dass es keine Temperatur- und Energiedifferenzen mehr gäbe – das daher auch absolute Ende allen Ablaufs und allen Fortschritts im sogenannten Wärmetod.

Meine Erkenntnis hält dagegen: Die Quantenatur als Urkraft lässt dieses Ende allen Geschehens im Wärmetod nicht zu. Denn eine Wesenheit dieser Natur liegt in ihrer Unzerstörbarkeit und folglich in der Verweigerung einer absoluten Endlichkeit. Das bedeutet: Alles bleibt im Fluss, seit aller Ewigkeit und in auch alle Ewigkeit, sonst wäre diese Quantenatur nicht die gesuchte Urkraft. Vielmehr würde auch sie dem Wärmetod erliegen, genauer: sie wäre dem Wärmetod längst erlegen, wenn es diesen Tod als absolut finales Spektakel wirklich gäbe! Das jedoch geschieht ganz gewiss nicht und ist auch kein Optimismus, sondern liegt allein in der Wesenheit der Urkraft begründet, die durch nichts zu beeinflussen oder gar zerstörbar ist!

Wäre dem nicht so, wie von mir erkannt, würde es uns gar nicht geben, da dieser (finale) Wärmetod schon vor unendlich langer *Zeit hätte stattfinden müssen, nicht in unserer gegenwärtigen Welt, sodass wir selbst, unsere eigene Existenz, immer auch der Gegenbeweis ist für jede schräge und unvollkommene Erklärung der Welt. Das begründe ich wie folgt:

Wenn ich daran ginge und einen Anfang setzte, wobei der primäre Urknall überhaupt der Beginn allen Geschehens gewesen wäre, nicht aber nur ein Teil vom ewigen Zyklus der Kontraktion und erneuten Expansion, in dem dieser Urknall immer nur den Wendepunkt markiert ..., dann wäre natürlich ein absolutes Ende, der Wärmetod, in den errechneten 100 Billionen Jahren möglich. Jedoch wäre damit nicht nur die Urkraft sterblich, was ein Unding ist, weil sie nicht die Urkraft wäre, es auch gar keine Urkraft geben könnte.

Vielmehr würde sich dann dasselbe Problem mit demselben Paradox ergeben wie bei der Behauptung, der Raum sei nicht unendlich, sondern begrenzt, sodass es auch immer ein Dahinter geben muss, hinter dieser Begrenzung. Folglich ist auch nur die Annahme von der Unendlichkeit des Raumes widerspruchsfrei, alles andere ist ohne Sinn.

Und so ist es mit dem primären Urknall, der immer wieder nur den Beginn der erneuten Expansion markiert, weil die Antwort auf die Frage nach dem, was vor dem Urknall war, unweigerlich auf den ewigen Zyklus des Werdens und Vergehens hinweist, ohne einen absoluten Anfang und ohne ein absolutes Ende.

Mit der Theorie eines absoluten Endes durch den Wärmetod in (zunächst mal) 100 Billionen Jahren, wobei stringent also auch die Urkraft zerstört würde, ergäbe sich das Paradox, das wir tatsächlich einen Anfang vor knapp 14 Milliarden Jahren ohne einen Zyklus des ewigen Werdens und Vergehens hätten, sodass wir aber fragen müssten, was denn vor diesem Anfang war.

Sie sagen „Nichts"? Dann aber gab es dort im Nichts, also vor dem Anfang, keine Urkraft, die einen Urknall hätte verursachen können, sodass in alle Ewigkeit auch nie etwas wäre und sein könnte, weil die Urkraft nicht zerstört werden, aber auch nicht entstehen, nicht werden kann – sie wäre nicht die Urkraft! Und dazu noch gehört es zu den ehernen Gesetzen, dass aus dem Nichts nichts werden kann, **es geschieht alles nur _im_ Nichts**.

Das eine Mal verhindert so denn die Frage: „Was ist dahinter?" die Endlichkeit des Raumes mit einem Anfang und Ende, und das andere Mal verhindert die Frage: „Was ist davor?" die Endlichkeit des Geschehens mit einem absoluten Beginn und einem absoluten Schluss. **Daher war die Unendlichkeit schon vor einem (nur angenommenen) Anfang, wie aber auch die Ewigkeit bereits vor einem (nur angenommenen) Beginn ist.**

Wie aber kann dieser Wärmetod richtig gedeutet werden? Die Antwort: Er ist lediglich das Finale im umgekehrten Prozess wie beim primären Urknall und auch dort in einer unvorstellbar großen Hitze. Noch genauer: Der Zustand unmittelbar vor dem primären Urknall war die Singularität, die ich auch den Zustand von Energie mit der inhärenten Urkraft nenne, dort, wo Materie nur noch Energie ist, unendlich dicht gepackt und ohne Abstände, sodass Materie und Energie nur scheinbar für alle Ewigkeit zerstört, also tot sind.

In diesem Zustand unmittelbar vor dem primären Urknall hat Materie somit wegen der unendlich großen Hitze zwar nicht mehr den uns bekannten Zustand, vielmehr ist sie nur noch pure Energie; und es gibt dort auch keine Grundkräfte mehr. **Aber die Urkraft selbst bleibt vollständig erhalten.** Sie wird auch nicht durch den unendlichen Widerstand in der Singularität beeinflusst, sondern wirkt unentwegt weiter, ohne richtungweisend zu sein. Die Richtungsänderung wird allein durch den unendlichen Widerstand in dem, was ist, also in der Singularität, bewirkt.

Die Urkraft selbst hat die Eigenschaft, alles zu durchdringen, so wie sie auch uns selbst durchdringt, während sie aber nie beeinflussbar ist.
Das Geschehen wird vielmehr auch hier nur harmonisiert. Das bedeutet in diesem Fall: Das, was ist, würde sonst, ohne die Harmonisierung, im Nichts verschwinden und für alle Ewigkeit nicht mehr sein können.

Das hier Beschriebene ist derselbe Vorgang wie es auch geschieht, wenn die Urkraft mein eigenes Handeln bestimmt, ich wegen der Erfordernis z.B. eine andere Richtung einnehme, sogar die der vorausgegangenen entgegengesetzte. **Damit aber habe ich keineswegs die Urkraft beeinflusst, sondern nur das Geschehen harmonisiert, weil es die Bedingungen von mir fordern, um z.B. nicht in einen Abgrund zu stürzen, der sich vor mir aufgetan hat!**

Mit der Umkehr hat sich also nicht die Urkraft umgekehrt – ich selbst habe mich umgekehrt, wie sich aber auch der Inhalt der Inhärenz bzw. Singularität nur in seiner Bewegungsrichtung ändert, nicht die Urkraft selbst. Sie hat nur bewirkt, dass sich die Richtung ändert.

## MEINER URKRAFT UND IHRES GOTTES EIGENSCHAFTEN

Die herausragenden Eigenschaften der Urkraft sind:

- **Sie durchdringt alles**
- **Sie ist allgegenwärtig**
- **Sie ist allmächtig**
- **Sie ist ohne Anfang und ohne Ende und also ewig**
- **Sie wirkt und schafft von innen her, im Gegensatz zum biblischen Gott, der von außer her wirkt und schafft**

Auch zeichnet sich die Urkraft durch ihre **Unbeeinflussbarkeit** aus. Wir können nur das Ergebnis im Wirken der Urkraft beeinflussen, und wir können das Geschehen dem Chaos entreißen, es harmonisieren, mehr als das Tier, aber bei weitem nicht so umfassend wie unsere genetische Folge, die Gottheit bzw. das **Panthron** (aus **pantheos-eros**).

Und wenn Sie jetzt wieder Ihren Gott davor stellen, der die von mir definierte Urkraft geschaffen haben soll ... Wie das denn? Damit hätte er doch erneut und unwiderlegbar bewiesen, dass er – eines Gottes unwürdig! – nicht zwischen Gut und Böse zu unterscheiden vermag, sonst hätte sein Werk, die von mir abgesteckte Urkraft, auch unterschieden zwischen Gut und Böse und das Böse nicht zugelassen.

Aber nicht nur das! Er, Ihr Gott, müsste sich obenauf auch schlafen gelegt haben und seither nicht aufgewacht sein, weil er diese Urkraft seit Anbeginn ungehindert hat wirken lassen. Ein Gott, der tatenlos zuschaut oder schläft? Daran rüttelt auch nicht das Erscheinen seines Sohnes hier auf Erden, denn seither ist alles nur noch schlimmer geworden – im Angesicht der bereits unzähligen Opfer dieser Welt allein seit Christi Geburt und auch in seinem Namen!

Wozu also brauchen wir über die Urkraft hinaus noch diesen Gott, der ohnehin den Menschen nie verstanden hat, nicht das Gesetz des Handelns und nicht die Liebe?
… und der so aber auch nichts anderes wäre als die von mir definierte Urkraft, die Quantennatur: zwar allmächtig, allgegenwärtig, alles durchdringend, ewig und unzerstörbar, der Dirigent aller Grundkräfte und damit auch alles hervorbringend und alles vernichtend, **aber ohnmächtig vor dem Wirken des Bösen**.

Sie meinen, Ihr Gott habe die zuvor genannten Eigenschaften auch, aber er sei nicht ohnmächtig, vielmehr sei er auch voller Gnade und dazu noch allwissend und unergründlich?

Zunächst, um voller Gnade sein zu können, muss er aber auch das Böse zugelassen haben, sonst bräuchte es keine Gnade.
Darüber hinaus – voller Gnade ist eine Definitionssache und könnte ich tölpelhafterweise auch von der Urkraft sagen; denn sie verschont den einen und erschlägt den anderen, wahllos und zufällig, was Sie jedoch als Gnade definieren, sooft der Verschonte und Überlebende zufällig auch noch ein Gläubiger ist.

Auch die Gnade gegenüber dem Sünder, der wegen bekundeter Reue in den Himmel kommen soll, ist nur eine in alle Ewigkeit nie nachweisbare Behauptung wie auch die Allwissenheit nichts anderes ist als ein dialektischer Kunstgriff, eine ebenso unangemessene Behauptung, die nie wird nachgewiesen werden können, sodass ich sie berechtigt für das Wesen der Urkraft ausschließe.

Dann aber das Kriterium der **Unergründlichkeit** ... Beweise ich mit meiner Weltformel nicht, dass die Urkraft, die letztlich vom Gläubigen allein als Gott angebetet wurde und wird, keineswegs unergründlich ist, indem ich sie sauber zerlegt habe und in ihrem Wirken zweifelsfrei darstelle? Siehe den **PROLOG** im Band 1 und hier in diesem Band 2 das Kapitel **Die Urkraft**. Nur so aber auch, mit der von mir definierten Urkraft, ist die Weltformel ohne ein Paradox, was sie allerdings mit Ihrem Gott als Urkraft nicht ist.

Meine Erkenntnisse sind daher umfassend und erklären hinreichend auch das Wirken des Bösen, während ein Gott das Böse jedoch nicht zulassen würde – er wäre kein Gott, eines Gottes nicht würdig. Denn ein Gott bewahrt den Menschen vor dem Bösen. Er hält schützend seine Hand über ihn und führt ihn, damit die Zukunft nicht ist wild.

Das Abstruse und Grauen des biblischen Gottes kommt beispielhaft in der Geschichte von Abraham und Isaak hervor, als dieser Gott (1. Mose, 22) Abraham dazu auffordert, ihm seinen Sohn Isaak zu opfern, um so, wie es wohl heißt, seinen Gehorsam und Glauben zu prüfen. Zwar hat dieser Gott wieder Einhalt geboten, dennoch –

schon das Ansinnen ein bizarres Unding und ohne Einschränkung eines Gottes nicht würdig, da solche Prüfung auch immer einen freien Willen voraussetzt, den es so aber nicht gibt!

Man deutet heute dieses Geschehen zwar in der Weise um, dass dieser Gott sich mit seinem Ansinnen nur den damals verbreiteten Kindstötungen entgegenstellte. Das aber nenne ich Schönrederei, weil er mit seinem Akt zum einen beweist, dass er keineswegs allmächtig ist, und zum anderen würde ein Gott gewiss die geforderten Maßnahmen treffen, um schon an der Wurzel solche Untaten zu verhindern.

Nun aber folgen Sie sehr genau dem, was ich darüber zu sagen habe und was Wahrheit und Wirklichkeit auch hinter diesem biblischen Grauen und damit die Lösung des Falles **Abraham und Isaak** ist:
Denn die ist genau darin zu finden, was ich hier im Weiteren mit dem **Cynodontier-Syndrom** anspreche und auch in seinem Ursprung erkläre.

Dieser Ursprung des Irren, die psychische Belastung und Überspanntheit mit der Folge einer schwerstmöglichen psychischen Erkrankung, der paranoiden Schizophrenie, war offenbar auch vor 3 Tausend Jahren verbreitet, damals nur biblisch geschönt.

Wenn nun früher hinter Erkrankungen dieser Art die Menschen den unergründlichen Willen ihres Gottes zu sehen glaubten und ihnen dieser gar auch, wie sie meinten, den Befehl zu solcher Untat gab, ist allerdings heute selbst das durchaus noch so oder dem sehr ähnlich, wenn der erkrankte Täter davon spricht, eine innere Stimme habe ihm die Tat befohlen oder etwa ein Wesen aus dem Jenseits oder was oder wer auch immer, sodass er unter einem Zwang stand, so zu handeln – aus medizinischer Sicht zweifellos eine Erscheinung der paranoiden Schizophrenie!

Gleichwohl, Entwicklungen jedweder Art, so auch das Cynodontier-Syndrom in biblischen Zeiten wie heute, sind einzig und ohne Ausnahme mit dem Wirken der Urkraft zu erklären. Mit ihr gibt es nicht den geringsten Widerspruch in allem, was war und ist und sein wird und was geschah und geschieht und geschehen wird.

Denn einzig die Urkraft ist nicht interessiert, ob etwas gut ist oder böse, was eines Gottes jedoch nicht würdig ist, sodass sie, die Urkraft allein, das Geschehen bestimmt und so auch den Täter durch Bedingungen und Ereignisse, das sind die ererbten Gene und das gegenwärtige Umfeld, zu seiner Tat zwingend provoziert. Es sind Ereignisse und Bedingungen, die z.B. auch übermäßige psychische Belastungen mit den dann unvermeidlichen Zwangsvorstellungen hervorrufen.

Die sehr modernen und aktuellen Beispiele hierfür, bei denen es in einigen Fällen bis zum „erweiterten Suizid" kommt, finden wir auch heute in den Bedingungen, unter denen wir leiden und sterben. Dieser erweiterte Suizid aber ist nichts anderes als das von mir so genannte Cynodontier-Syndrom.
Zum Ursprung dieses Syndroms:
Die Cynodontier waren säugetierähnliche Reptilien und gehören zu den Vorfahren der Säuger, in Größe und Er-

scheinung ähnlich einer Maus und mit einer Schädellänge von etwa 3-6 cm. (Allerdings gab es noch wesentlich größere mit einer Schädellänge bis 40 cm.)

Sie lebten in Erdhöhlen in einer Zeit vor über 200 Millionen Jahren, als die Raubsaurier die Herren der Welt waren und auch z.B. die Höhlen der Cynodontier aufsuchten, um Beute zu machen. Jedoch konnten diese oft über Hinterausgänge entkommen. Hatten sie aber gerade Neugeborene im Bau, die sie nicht mitnehmen konnten, töteten sie diese und fraßen sie auf, um sie nicht als Beute für die Raubsaurier zurücklassen zu müssen.

Das aber hat so nun auch der Mensch in seinen Genen: die Fürsorge und das Erbarmen für die eigene Brut, die er nicht ungeschützt allein lassen will.

Nicht anders kann aber auch die biblische Geschichte von Abraham und Isaak erklärt werden, auch wenn es dort andere Bedingungen und Ereignisse waren, die die Menschen krank und schwer krank machten.

Dass jedoch Abraham diesen Zwang dann überwand, auf welche Weise auch immer, erklärt die Bibel, und so sich selbst Abraham, mit der Gnade oder auch dem unergründlichen Wirken seines Gottes. Dennoch, es war nichts anderes als allein das dort und auch heute noch (bis also hin zu meinen Erkenntnissen) unergründliche Wirken der Urkraft.
Denn kein Gott provoziert, indem er diese Tat vielleicht geschehen lassen oder gar zu ihr aufgefordert hätte – es wäre seiner nicht würdig gewesen! Denn der Mensch handelt unfrei und nur so, wie es seine ererbten Ver-

anlagungen einerseits und auch das gegenwärtige Umfeld andererseits von ihm fordern, bei ihm provozieren. Somit ist er auch allein von der Urkraft gefordert, auf eine Provokation, sei sie noch so schlimm und grausam, die richtige Antwort zu finden, das Geschehen zu harmonisieren, was er, wenn auch unvollkommen, so aber doch in einigem Umfang kann.

Und genau das war Abraham zu biblischen Zeiten gelungen: Das Geschehen wurde durch eine richtige Reflexion und Reaktion harmonisiert und damit das Grauen abgewendet.

Erst heute ist durch meine Erkenntnisse dies große Rätsel zweifelsfrei gelöst, denn es gibt hierzu keine andere Erklärung, wenn man mit den Begründungen nicht in Phantasmen und Wundern hängen bleiben will.

Schon viele Jahre zuvor wusste ich davon, welch unermessliche Bedeutung meine Erkenntnisse über die Liebe haben. Mit diesen Erkenntnissen sind jetzt die sicher größten Fragen der Menschheit schlüssig beantwortet, die sich ihr seit wohl 5000 Jahren bis in das Jetzt gestellt haben und die da sind:

**Gibt es einen Gott? Was ist der Mensch? Welchen Sinn hat das große Rätsel Liebe, dieses höchste Gefühl, das den Menschen fesselt und für ihn in seiner Widersprüchlichkeit und auch gar mörderischen Metamorphose doch unerklärlich ist? Und was ist die Urkraft, von der ausgeht, was die Welt im Innersten zusammenhält?**

Daneben sind es aber auch die Erkenntnisse zu anderen großen Fragen, deren Auflösung ganz im Gegensatz zur Schwärmerei in unserer Gegenwart steht, siehe meine Ausführungen in Band 1. Diese Fragen lauten:
**Was ist Freiheit und was ist Frieden? Gibt es einen freien Willen? Und welchen Charakter und welche Gültigkeit haben freie Meinungen?**

Und schließlich sind nun noch zwei weitere markante Probleme gelöst: Zum einen ist es **das Rätsel um das Drama von Orpheus und Eurydike,** woran sich Dichter und Denker bislang vergeblich zu messen versuchten, siehe das Kapitel **Orpheus und Eurydike und das Kritische Feld der Liebe** hier im Band 2.
Zum anderen ist es das eben behandelte **biblische Grauen in der Geschichte von Abraham und Isaak,** wo man bislang, wie im Fall **Orpheus und Eurydike**, viel herumgedeutet und doch keine wirkliche Lösung gefunden hat.

Jedoch, auch mit diesem biblischen Fall tritt wieder die strenge Forderung an uns heran, **alle 3 Dimensionen** in Sein und Zeit zu beachten und zu achten, wenn uns doch der Blick erst in die tiefsten Tiefen der Vergangenheit lehrt, siehe hierzu das Cynodontier-Syndrom mit seinem Ursprung vor über 200 Millionen Jahren!, warum etwas in der Gegenwart geschieht und was wir daraus schließen können, um unsere Zukunft zu meistern und zu erhalten – am Roten Faden sinnvoller Evolution.

Wenn in der Bibel die Ereignisse dagegen bis jetzt einem Gott unterstellt werden, dem unergründlichen Willen eines Gottes, dann stimmt hierbei eben doch nur die

„Unergründlichkeit", mit der der Mensch aber im Angesicht des Wirkens der Urkraft leben muss.

Ich spreche ja auch davon, dass der Mensch immer nur die Urkraft anbetet, sooft er seit 5000 Jahren die Götter oder daneben auch seit 3000 Jahren nur einen einzigen Gott verehrt, siehe das Kapitel **Religionen, ihr Sinn und ihre Entartung** im Band 1.

Denn die Urkraft lässt das Böse wie das Gute zu, hingegen die von mir erkannte Gottheit, die noch nicht ist, aber ein Teil von Zukunft – sie lässt das Böse a priori nicht an den Menschen heran.

Damit gerät dieser Mensch auch nicht in Versuchung. um z.B. einer verhängnisvollen Zwangsvorstellung zu erliegen und schließlich auch in einer Zwangsjacke zu enden, bevor er z.B. die eigenen Kinder unter Zwang töten muss.

Folglich braucht es auch keine Gnade, weil der Mensch im Licht des Erkennens steht und somit auch keiner Versuchung erliegt.

In der Welt des Gottes jedoch, von dem ich spreche, kann das Kind a priori nicht in den Brunnen fallen, weil es die Vorsorge dieses Gottes verhindert, das Kind eine schützende Hand erfährt, die es behütet und vor Unheil bewahrt. **Es ist die unerlässliche Vorsorge, nicht aber, wie bei uns und wenn überhaupt, eine nur verantwortungslose Nachsorge mit nur geheucheltem Wehklagen und dumpfer Ignoranz.**

Wenn Sie jedoch sagen, dass der Mensch sich erst auf Erden bewähren muss, um sich das Himmelreich zu verdienen, auch dann versagt Ihr Gott, weil er den Menschen nicht kennt und nicht das Gesetz des Handelns. Denn der Mensch hat keinen freien Willen, um sich das Himmelreich zu verdienen, sondern wird unvermeidlich von den Umständen und seinen angeborenen Veranlagungen beeinflusst, gesteuert, verleitet und verführt.

Das ist ein unwiderlegbarer Sachverhalt, womit auch des Menschen Handeln an keiner Stelle einem freien Willen folgt. Dieser wäre jedoch die unabdingbare Voraussetzung für eine Selbstschuld und folglich auch für eine Bewährung im hier vorliegenden Sinne. Denn diese Bewährung könnte nur von einem freien Willen und der daraus herleitbaren Selbstschuld ausgehen, die es beide, von mir nachgewiesen, jedoch nicht gibt, sodass ich hier auch nicht von Bewährung sprechen kann.
(Im Bereich etwa der Kindeserziehung hat die Bewährung allerdings einen anderen Charakter.)

----------

Schließlich aber nochmals zurück zu Ihrem Glauben an einen bereits existenten Gott:
Der entscheidende Irrtum Ihres Glaubens: Zwar braucht der Mensch unzweifelhaft einen Gott, eine Gottheit, weil er ohne sie in höchster Not ist. Sie aber wähnen diese bereits in grauer Vorzeit, in der Ewigkeit des bereits Gewesenen. Somit aber hat der Mensch, ob seit 5 Tausend Jahren die Götter oder seit 3000 Jahren auch nur einen Gott, immer nur die Urkraft angebetet.

Die aber ist nicht würdig, ein Gott zu sein, weil sie nicht unterscheidet, nicht unterscheiden kann zwischen Gut und Böse, während sie doch auch, wie Ihr Gott, in grauer

Vorzeit und in alle Ewigkeit ist, aber ohne ein Paradox, so es um das Gute und das Böse geht, weil sie alles gelten und wirken lässt.

Daher auch ist meine Gottheit, im Gegensatz zu Ihrer, der bestimmende Teil erst von Zukunft, weil diese ohne einen Gott nur noch ist wild.

An dieser wilden Zukunft kann Ihr Gott aber auch nichts ändern, weil es unverändert das Böse und dazu die gigantischen Herausforderungen kosmischer und irdisch hausgemachter Art gibt, denen der Mensch nachweislich nicht gewachsen ist.

Es sind Probleme, die Ihr Gott nicht verhindert und nicht harmonisiert, was uns die Erdgeschichte unwiderlegbar lehrt. Und er kann es vor allem nicht, weil es ihn nicht gibt, sodass sie, die Probleme, unverändert das Damoklesschwert, das Todbringende über dem Haupt des Menschen sind und dieser Mensch auch vor die Hunde geht, **denn unsere Welt**, ich habe es bereits an anderer Stelle erwähnt, **sie hat keinen Notausgang!**

Das aber zu erkennen und richtig zu handeln, ist zunächst die Herausforderung global für den Menschen, solange es nur Ihr Phantom gibt, das Sie Gott nennen, nicht aber die fassbare Gottheit – eine Gottheit wie der Mensch aus Fleisch und Blut, ohne Tod und Wiederauferstehung und ohne eine Fahrt gen Himmel in ein unergründliches und nie nachweisbares Jenseits.

# DER SINN VON SEIN IM ZENTRUM VON ZEIT

**Im Zentrum von Zeit
liegt der Sinn von Sein[3].**

**Der Sinn von Sein ist zugleich das
ursprüngliche Wesen der Zeit.
Und der Mensch ist die Stätte,
wo der Sinn von Sein
aufgeschlossen daliegt[4].**

Das war die Erkenntnis des Philosophen **Martin Heidegger** und wohl das Fazit im Buch Sein und Zeit aus den 1920er Jahren. (1926 hatte er mit der Niederschrift begonnen, und 1927 wurde es veröffentlicht.)

Zunächst muss ich dazu anmerken, dass es für mich unergründlich ist, wie jemand durch das reine Denken, ohne so denn einen empirischen Hintergrund, ohne die Erfahrung, zu diesem alles entscheidenden Ergebnis kommen konnte. Zweifellos zeugt es von der sehr hohen erfühlenden Intelligenz dieses Giganten der Philosophie.

Die überragende Leistung Heideggers, die seinerzeit weltweites Aufsehen erregte, hatte wahrscheinlich auch

---

3 Dieses Zitat hatte ich vor Jahren irgendwo gelesen, konnte jetzt, trotz intensiver Nachforschung, die genaue Quelle jedoch nicht mehr ermitteln.

4 Aus Sekundär-Literatur: **Deutschland deine Denker** von Paul-Heinz Koesters; erschienen als STERN-Buch im Verlag Gruner + Jahr AG + Co, Hamburg; Herausgeber Henri Nannen.

Sartre, einen Zeitgenossen Heideggers, dazu bewegt, der deutschen Philosophie Beifall zu klatschen. Ich zitiere ihn nochmals nach Gedächtnisprotokoll: „Philosophie ist deutsch. Und wer philosophieren will, muss ein Deutscher sein."

Heideggers geistige Leistung des Wie?, auf welche Weise jemand zu einer Erkenntnis kommen kann, hatte zuvor bereits Kant bestätigt. Demnach ist eine Erkenntnis von der Erfahrung unabhängig, also **a priori** möglich,.
Hiermit stand Kant wiederum im Gegensatz zur philosophischen Richtung der Empiriker, die einer Erkenntnis die zuvor notwendige Erfahrung voransetzen, was man daher **a posteriori** nennt, also eine Erkenntnis im Nachhinein, erst nach der Erfahrung.

Obgleich mir nun aber keineswegs auf Anhieb klar war, was wirklich hinter Heideggers Aussage stand, wusste ich dennoch sofort: Das ist es! Das ist auch meine Philosophie!
Der Vorteil einer leichteren Erkenntnis lag jedoch auf meiner Seite, weil ich auch den empirischen Hintergrund habe, also die Erfahrung. Es geht um ein markantes Ereignis in meinen frühen Mannesjahren.

Auch dieses Ereignis mit meiner seinerzeitigen Freundin hatte ich zunächst lange nicht verstanden. Aber im Laufe der Folgejahre kristallisierte sich das heraus, was ich nun in diesem Band über die Liebe niedergeschrieben habe, über ihre Genesis und ihre überragende Bedeutung für unser aller Leben, für unser Sein.

So aber war erst Heideggers Zentrum von Zeit für mich der entscheidende Impuls, die Initialzündung mit dem Fingerzeig zu den Sternen, um auch glaubhaft artikulieren zu können, welche Erkenntnisse ich selbst habe.
Denn es ist die Schwerkraft der Sonne mit ihrer zentrierten Materie, wodurch die Kernfusion erst möglich wurde und in der Folge auch ihr ewiges Feuer.
Und genau das war zunächst die Voraussetzung für das Leben und dann das Vorbild für das ewige Leben in der Gestalt einer Gottheit, womit sich auch dem Menschen der Sinn von Sein offenbart.

Es ergaben sich für mich 2 Fragen.
Zum einen: Was entspricht nun auf der Ebene von Sein und Zeit der Schwerkraft der Sonne? – Die Antwort: Es ist die **Sinnkraft**, die zweifellos der Schwerkraft entspricht, denn sie ist auch eine Anziehungskraft, eine mentale Anziehungskraft.

Zum anderen: Was kann auf der Ebene von Sein+Zeit fusionieren?
Sollen es etwa die Körper sein, die Hüllen der Sein-Atome? – Das aber geht nicht. Es wäre dasselbe, als könnten die Hüllen der Materie-Atome fusionieren, was auch nicht geht. Und wir wären nur siamesische Zwillinge – ohne Sinn.

Es ist daher auch allein der Inhalt, der fusioniert, die **Energie**. Es ist einerseits der Atomkern, in dem diese Energie diszipliniert ist, siehe die Sonne, die mit der Fusion das (relativ) ewige Licht hervorbringt – ein sehr sinnvoller Prozess, weil so erst das Leben möglich wurde.

Andererseits ist es die **Zeit** als disziplinierter und vitalisierter Kern im Sein, der fusioniert, siehe uns selbst – ein Prozess, der erst das ewige Leben möglich macht und damit die Gottheit hervorbringt, die ich auch das **Panthron** nenne.

Und genau an diesem Punkt ist das große Rätsel um Heideggers Aussage vom **Sinn von Sein im Zentrum von Zeit** gelöst, denn das Zentrum von Zeit, des Zeit-Atoms, das der Mensch ist, ist nichts anderes als der Kern dieses Atoms, den ich auch **Zeit** nenne.

Diese Zeit wiederum, also das Zentrum vom Sein- oder Zeit-Atom, fusioniert in gleicher Weise wie der Kern des Materie-Atoms, womit aber auch erst eine vollendete Zeit mit der vollendeten Liebe und damit auch der Gottheit möglich ist. Also liegt genau hier, im Zentrum von Zeit, des Zeitatoms, der Sinn von Sein, der Sinn unseres Lebens! – Eine unübertroffene philosophische Leistung von Martin Heidegger und dazu noch eine Erkenntnis a priori, ohne die Erfahrung!

Mit der Fusion von Zeit aber denken, fühlen und handeln zwei Liebende in der Vollendung ihrer Liebe in allen Dingen völlig gleich. Denn diese Vollendung ist nichts anderes als eben die Fusion von Zeit!

Und in der Folge sind sie auf der mentalen Ebene vollständig identisch, ein Zustand, wie er von dem, der liebt, immer gewünscht wird, nicht von dem Enttäuschten, der voller Resignation ist und die Liebe als eine Illusion abtut. Damit kann er aber allein schon den Gedanken an diese Fusion, die Verschmelzung, immer nur als eine Belastung, einen Graus empfinden.

Auch das Abwinken mit der rosaroten Brille, durch die Liebende offenkundig schauen und mit der sie verspottet werden – sie stellt keineswegs eine Illusion zur Schau, ist vielmehr und in der Tat nichts anderes als eine reale Sicht auf den Zauber, den das erotische Kraftfeld über alles legt und das die Liebenden berührt, sie durchdringt und in seinem Bann hält.

Solange jedoch diese Liebe nicht vollendet, noch sehr verletzlich, zerbrechlich und schnell vergänglich ist, so lange findet sich der Spötter allerdings auch immer wieder bestätigt.

Dieses wandelnde Durchdringen, die Verschmelzung von Zeit in der Vollendung der Liebe, ist auch, wie der Kernreaktor Sonne mit seiner Fusion von Materie, der Quell, aus dem die unermessliche Kraft und Energie hervorgeht, die nicht nur die Unsterblichkeit der Gottheit begründet, sondern auch das Leben jedes Einzelnen, der als Mensch fortbesteht, von Grund auf ändert.

Es ist im wahrsten Sinne das Paradies auf Erden. Denn unter der Obhut und Führung der Gottheit kennt er kein Arg und wird nicht zerrieben im ewigen Kampf zwischen Gut und Böse. Es gibt keine Kriege, keinen Hass und keine schweren Konflikte, die des Menschen Leben zerstören, sodass er fortan viele 100, vielleicht auch viele 1000 Jahre alt wird, weil er in der Liebe ist und im Geist, mit sich und allem Geschehen im Reinen.

Die wohl wichtigste Konsequenz: Bis in sein hohes Alter bleibt ihm die jugendliche Frische erhalten, sodass er sich am Ende seines Lebens wie zum Schlafen niederlegt und ohne Zweifel und Verzweiflung und ohne Siechtum und Qualen stirbt.

In diesem Zusammenhang sah ich Anfang März 2015 das interessante Titelbild einer SPIEGEL-Ausgabe, auf dem die großen Macher vom Silicon-Valley abgebildet waren. Wie ich bei einem kurzen Einblick feststellte, wurde einer von ihnen mit der Aussage zitiert, sinngemäß, dass sie, diese Großen der IT-Branche, mit ihrem Wissen und Können nicht nur die Zukunft verändern und gestalten würden, sondern den Menschen auch ein 1000-jähriges Leben geben könnten. – **Verzeihung, aber es darf rundum gelacht werden!**

Denn was für ein Leben wollen uns diese völlig inkompetenten Größenwahnsinnigen, die von Sein und Zeit absolut nichts verstehen, in ihren wüsten Allmachtsfantasien denn geben, wenn nicht das sinnlose Vegetieren von Zombies, von toten Lebenden, denen metallene Ersatzteile implantiert werden und die als verkrüppelte Wesen am Tropf der IT-Macher hängen, unfähig, ein sinnvolles Leben in einer sinnvollen Umgebung und somit unter auch sinnvollen Bedingungen zu führen??

Dann lieber doch ein kurzes Leben von 80 bis 100 Jahren, ohne den Dauerstress von geistiger Ödnis in 1000 Jahren mit dem falschen Glanz von Money, verstümmelnder Sexualität ohne Liebe und mit dem Kaufrausch unter dem Trommelfeuer von grenzenlosem Werbe- und Konsumterror.

Aber weiter: Wie nun bei der Sonne fusioniert so denn auch beim Menschen nur der Inhalt der Hülle, die Zeit. Es ist Zeit, der Kern oder das Zentrum von Sein, die zentrierte Zeit!
Wie aber sollte sich Zeit anders artikulieren? Durch die Überwindung von Abständen? In der Dauer, die leblose Materie braucht, um von hier nach da zu kommen? Damit wäre jedoch auch Zeit leblos. Zeit hingegen ist lebendig, eine mentale Erfahrung, die sich niederschlägt in den Eigenschaften lebendiger Natur.

Ganz obenan ist Wesenheit von Zeit das Gezeugt- und Geborenwerden und dann das Sterben, also das Werden und Vergehen, das Blühen und Verwelken, aber auch der Trieb und der Stillstand, der Instinkt und die Orientierungslosigkeit, die Trauer und die Freude, das Glück und das Scheitern und vieles andere mehr.

Es gibt dazu keine Alternative – wir sind die Inkarnation von Zeit. Und das ist gut so und sinnvoll, weil hiermit die Fusion von Zeit auch erst denkbar und möglich ist, die also Vollendung von Liebe – also die Gottheit, also die Unsterblichkeit – und damit des Menschen Bewahrung auch in Ewigkeit. Alles andere sind fromme Wünsche und Gesundbeterei im Unverstandenen und in der Dunkelheit von Sein und Zeit.

Eine neue Dimension in Sein+Zeit ist daher nirgendwo sonst möglich denn in der Vollendung von Liebe.
Diese Vollendung von Liebe ist jedoch nicht zu erwarten in der bislang bekannten Adhäsion, dem Anschmiegen, vielmehr und ausschließlich in der Fusion von Zeit, in der auch völligen Entsprechung zur Fusion von Materie mit

dem wandelnden Durchdringen, einer Folge allein im Wirken der Urkraft, der Quantennatur.

Erst diese Erkenntnis erlaubt auch die plausible Erklärung für das ewige Leben, für einen Sieg über den Tod. Alles andere ist nun mal nur frommes Wunschdenken und zeigt nicht die geringste Alternative für eine sinnvolle Evolution über den Menschen hinaus, nicht die geringste.

Der Mensch hätte keine Chance. Er hätte nicht die Option für die Unsterblichkeit – die Zukunft wäre wild. Es gäbe somit auch keine Sinnkraft, weil der Mensch nie dazu fähig sein wird, die wirklich großen und größten Herausforderungen der Zukunft zu meistern.

Bemerkenswert im Zusammenhang mit dem ewigen Leben ist auch die Annahme der Hirnforschung, dass der Mensch bereits ein Unsterblichkeitsgen haben könne. Nur seien wir noch nicht in der Lage, dieses Gen zu beleben, es anzuregen und freizugeben, es zu aktivieren.

Hier weise ich wieder hin auf die Gleichartigkeit der Eigenschaften von belebtem Sein und lebloser Materie, wenn doch für viele Prozesse hier wie dort eine sehr große Energie notwendig ist, um eine ganz neue Eigenschaft hervorzubringen, etwa ein Metall so zu wandeln, dass es eine besondere Härte bekommt. Und man denke auch hier an die Fusion von Zeit, wenn diese aber nur unter großer Erhitzung und einem hohen Druck möglich ist.

In gleicher Weise ist die Aktivierung des Gens für die Unsterblichkeit zu sehen: Mit der durch die Fusion von

Zeit entstehenden sehr hohen Energie, die sodann eine der herausragenden Eigenschaften der Gottheit ist, wird auch diese Aktivierung erst möglich.
Beim Menschen hingegen ist das nicht erfüllbar. Er besitzt vielleicht diese Eigenschaft bereits, ohne sie aber anregen und freigeben zu können.

Zur Fusion von Materie und Zeit beachte man besonders: Es ist in beiden Fällen derselbe Vorgang, beim Prozess in der Sonne, so denn beim Prozess auf der Ebene von Materie und Energie, wie beim Prozess auf der Ebene von Sein und Zeit: Es fusioniert immer nur der Kern. Im Bereich der Sonne nennen wir es auch die Kernverschmelzung oder Kernvereinigung.

Im Bereich von Sein+Zeit, mithin von uns, ist es wiederum die Fusion von Zeit, wobei Zeit der Kern von Sein ist, des Sein-Atoms, wie der Atomkern der Kern des Materie-Atoms ist. Somit ist auch die Fusion von Zeit nichts anderes als eine Kernverschmelzung oder -vereinigung, auch das wandelnde Durchdringen[5]. Ich nenne es aber einfach die Vollendung von Liebe, um so auch der gehobenen Ebene von Seit+Zeit gerecht zu werden.

Ich weise erneut darauf hin: Im Bereich von Materie+Energie ist dieser Kern, der Atom-Kern, nichts anderes als **disziplinierte Energie**, und im Bereich von Sein+Zeit ist er nichts anderes als **disziplinierte und vitalisierte Energie**, die wir auch schlicht die Zeit nennen, weil wir die Makro-Atome von Zeit sind.
Somit kommt auf der Ebene von Sein+Zeit, auf unserer Ebene, nur noch das Lebendige, das Vitalisierte, hinzu.

---

5   Siehe hierzu das Nähere im Folgekapitel.

Sonst ist es auf beiden Ebenen gleichermaßen die disziplinierte Energie.

Folglich wird auch in beiden Prozessen – das alles Entscheidende! – eine ungeheure Energie frei, die im Fall der Sonne das ewige Feuer gezündet und das Leben überhaupt erst ermöglicht hatte, während diese Energie in unserem Fall, also auf der Ebene von Sein+Zeit, das auch ewige Leben voran möglich macht und damit auch die Bewahrung des Lebens im globalen Umfang, allem voran die des Menschen.

Und erst durch diese Erkenntnis ist überhaupt das ewige Leben keine Fiktion mehr mit einer Wunderwelt der Trugbilder und Sinnestäuschungen, sondern eine reale Welt, die sich aus den ehernen Gesetzen der Naturkräfte herleitet.

Ich bin mir der Bedeutung meiner Erkenntnisse sehr sicher, es gibt dazu keine Alternative. Alles andere wäre ohne Sinnhaftigkeit, Sein+Zeit wäre ohne Sinn. Meine Philosophie ist jedoch auf die Sinnhaftigkeit gerichtet, weil sie ein Teil von Wahrheit ist. Alles andere ist ohne Sinn.

Auch wenn ich hier und da nur spekulativ und ohne das strenge Wissen in die Zukunft schaue, ist die Forderung an mich dennoch immer gleichbleibend, die Forderung in der Frage: Wo liegt der Sinn? Diese Frage steht so auch immer unausgesprochen über allem. Jede andere Interpretation aber wäre ohne Sinn und die Welt für uns am Ende. Erst aber die Erkenntnisse, wie ich sie in diesem Buch beschreibe, offenbaren auch den Sinn für unser Sein, für unser Leben. Es ist **Der Sinn von Sein im Zentrum von Zeit**, wie es der neben Plato größte Philosoph, Martin Heidegger, in den 1920er Jahren richtig erkannt hatte.

Folglich ist auch die Sinnkraft in Sein+Zeit als Entsprechung zur Schwerkraft im Komplex von Materie+Energie zu verstehen.

Für diese Erkenntnis war Heideggers Zentrum von Zeit der Fingerzeig zu den Sternen und für mich die Initialzündung, um meine eigenen Erkenntnisse zur Genesis der Liebe philosophisch richtig zu artikulieren.
Denn es machte mir möglich, nicht nur die Gleichartigkeit von Sinnkraft und Schwerkraft (zum Letzteren beispielhaft die Planeten, Sterne und Galaxien), sondern gar aller Kräfte einerseits im Komplex Materie+Energie und andererseits im Komplex Sein+Zeit zu entschlüsseln, was letztlich auch zur Weltformel führte.

Zuvor, noch ohne das Wissen um Heideggers Erkenntnisse, war es mir nicht möglich, meine eigenen Erkenntnisse glaubhaft darzustellen, sodass ich auch nicht die Weltformel hätte finden können. Ich hätte mich nur heillos verirrt in einem Geflecht unverstandener Vorgänge und Begriffe.
Mit der Findung der Weltformel aber vermag das Sinnvolle unseres Lebens überhaupt erst tief in unser Bewusstsein einzudringen.

Dies zutiefst Sinnvolle ist allein das (ewige) Leben in der Maxime von Geist und Liebe – ein Leben für den Menschen mit einer Gottheit, ohne die er keine Zukunft hat, weil er ohne einen Gott nicht fähig ist, die wirklich

großen Herausforderungen der Zukunft zu meistern – im Angesicht des Bösen, das erst vom Menschen gemacht wurde und das es unwiderlegbar auf dieser Welt gibt. Aber auch im Angesicht gewaltiger kosmischer und irdisch hausgemachter Katastrophen.
Und die Ewigkeit, das ewige Leben, definiert sich für den Menschen als die Bewahrung seiner Art auch in der Zukunft.

Bei den Herausforderungen denke ich vornehmlich, wie schon mal erwähnt, an Asteroiden und Kometen wie auch an Supervulkane, die unserer Erde, oder zumindest dem Menschen, den Garaus machen können. Aber auch andere Bereiche bergen in sich die für den Menschen schier nicht zu meisternde Urkraft, eine Kraft, die sich in ihrem Wirken verheerend auswirken kann und ohne einen Gott auch verheerend auswirken wird.

Denken Sie nur mal an das Seebeben mit der Folge eines desaströsen Tsunamis am 26. Dezember 2004 im Bereich des Indischen Ozeans mit nahezu 300 Tausend Toten. (Eine später genannte, wesentlich geringere Zahl sollte wohl nur die Verantwortungslosigkeit schmälern, die in den Versäumnissen vor dem Beben erkennbar geworden war. Das waren Versäumnisse, die erst zu der auch großen menschlichen Katastrophe geführt hatten!)

Und denken Sie auch an die Ereignisse in Fukushima/Japan 2011 mit Beben, Tsunami und atomarem Supergau. An keinem Punkt der Ereignisse, weder in 2004 noch in 2011, war das Walten eines Gottes erkennbar.

Hingegen wird überall das Wirken der Urkraft sichtbar: die Unbestimmbarkeit, das Urplötzliche, das Schreckenerregende, der Schock, das Unerwartete oder auch nur das verdrängte Unerwartete mit dem Leugnen und Beiseiteschieben. Es ist alles und ausnahmslos mit dem Wirken der Urkraft erklärbar. Im Vergleich zu einer Welt, in der bereits ein Gott sein soll, gibt es nicht mehr das geringste Paradox im Geschehen, weil die Urkraft selbst das Paradox ist, das Widersprüchliche.

Wer nun hieran zweifelt, den frage ich: Beschreibe ich meine Erkenntnisse etwa mit falschem Pathos und mit billiger Rührseligkeit? Oder überziehe ich, soweit es auch um die Liebe geht, diese gar mit Schleim und falschen Gefühlen? Oder zerpflücke und zerrede ich sie, wie wir es in einschlägigen Geschichten und Geschichtchen von Hollywood und im Fernsehen immer wieder vorgeführt bekommen?

Oder beschreibe ich meine Erkenntnisse nicht vielmehr mit eindeutigen Worten – einerseits die raue Wirklichkeit in der gegenwärtigen Phase der Genesis von Liebe, andererseits aber auch ihre Magie und die alles überstrahlende Schönheit, das, was am Ende ihrer Entwicklung steht: eine ganz neue Dimension in Sein+Zeit?

Soweit es überdies um die Erkenntnisse zur Liebe geht, ist auch unzweifelhaft erst darin der lange gesuchte Sinn unseres Lebens zu finden, ein Sinn ohne sinnloses Versprechen mit der Verschiebung aller sinnvollen Ereignisse in ein unergründliches und nie wirklich nachweisbares Jenseits.

Mit diesem Jenseitsversprechen hilft uns daher auch nur noch der diffuse Glaube, um die Unbill der Gegenwart zu tragen und zu ertragen, trotz aller unauflöslichen Paradoxien – so aber leider auch bis hin zu dem unwiderruflichen Abgrund, der ohne diese Erkenntnisse todsicher dem Menschen zum Verhängnis wird, sodass die Zukunft in der Tat nur noch ist wild.

Soweit es schließlich noch um das ewige Leben geht, dazu sah ich am 01.07.2018 auf dem Sender **WELT** (früher **N24**) eine bemerkenswerte Sendung: **Year Million** mit dem Untertitel „Ewiges Leben".
Hierbei ist Year Million als eine unbestimmte *Zeit in der noch weit entfernten Zukunft zu verstehen. Aber – grauenhaft, was man sich da als ewiges Leben vorgestellt hat: einen digitalen Menschen, der von seinem Körper befreit ist und auf der Erde wie auch durch den Weltraum völlig frei als quasi Geistwesen schwebt, höchst intelligent und omnipotent.

Nochmals: **Grauenhaft**, wie man sich hier mit wilder und wüster Fantasie auf den Spuren des Scharlatans Einstein bewegt, ohne jeglichen Sinn und von Sein und Zeit nicht die geringste Ahnung, wie ebenso Einstein von Raum und Zeit nicht die geringste Ahnung hatte.
(Jedoch – vielleicht hat das sogar auch Einstein mit seinen Zeitreisen so gemeint: Millionen Jahre zurück, aber ohne Zukunft für den Menschen.)

# WIE ICH DIE WELTFORMEL FAND – VERBORGEN DORT, WENN LIEBE EXPLODIERT

In der Fortsetzung griechischer Mythologie mit dem Drama Orpheus und Eurydike (siehe dazu ein Folgekapitel) hat erst Werner Heisenberg das Wesen der Quantennatur im Komplex Materie+Energie richtig erarbeitet, dies Wesen nur noch nicht als die gesuchte Weltformel mit der zentralen Urkraft identifiziert.

Somit ist Heisenberg posthum der Mitentdecker der Urkraft. Denn er hatte die Quantennatur mit ihrer Unbestimmbarkeit richtig erkannt, siehe **Das Heisenbergsche Unschärfeverhältnis zwischen Ort und Impuls**. Oder, wie es im Original heißt: **Die Unschärferelation der Quantenmechanik**.

Werner Heisenberg ist somit neben Martin Heidegger auch ein weiteres unabdingbares Glied in der kausalen Abfolge bis hin zu meinen eigenen Erkenntnissen und Artikulationen. Auch nur mit ihm konnte ich so denn konkret diese Quantennatur als Urkraft identifizieren.

Das geschah am **25.12.2004 gegen 13 Uhr** bei einem Spaziergang[6]. Ich hatte nicht nach ihr gesucht, stand aber urplötzlich vor diesem Phänomen, als ich das Kritische Feld der Liebe mit seinem abschließenden Kritischen Punkt durchleuchtete.

---

6 Genau 1 Tag vor dem bereits erwähnten Tsunami in Südostasien mit etwa 300.000 Toten.

Ich wusste sofort: Das ist es! Das ist es, was die Wissenschaft schon seit langem vergeblich gesucht hat!

Der Auflösung dieser Formel lag hierbei der folgende Gedankengang zugrunde: Die Provokation des Unerwarteten im Kritischen Punkt der Genesis von Liebe hat ohne die richtige Antwort (Reaktion, Reflexion) ihre spezifischen Folgen:

**Der Himmel stürzt ein, die Hölle entfacht ihr Feuer:**

- **Die Sinnkraft ist zerstört –**

- **Das sexuell-erotische Kraftfeld bricht zusammen –**

- **Das Selbstwertgefühl liegt am Boden –**

- **Der Selbsterhaltungstrieb kommt ins Wanken und ist stark gefährdet ...**

Damit fällt der Mensch in ein tiefes Loch, denn die Liebe ist scheinbar zerbrochen. Durch den entstandenen Druck und die Hitze kehrt sich das Ereignis an diesem Punkt in sein Gegenteil: die Liebe explodiert.

Es ist dort, wo der Schlagabtausch psychischer Gewalt im Unverstandenen beginnt und, oft unweigerlich, hinführt zur auch körperlichen Gewalt am Anderen und/oder an sich selbst.

Jedoch, tut er nicht sich selbst oder dem Anderen in der Folge ein Leid an, zerstört er nicht ein Leben und tötet nicht, fängt er bei Null wieder an.

Oder aber – das Ereignis kehrt sich nicht nach außen, sondern nach innen. Das heißt, der von den Unwägbarkeiten der Liebe gemarterte Mensch, er zeigt keine unkontrollierte Abwehr, indem er explodiert, sondern lässt auch bei sich selbst alles einstürzen, in gleicher Weise, wie der Himmel einstürzt: Er implodiert, das heißt, er wird krank, auch schwer und unheilbar. Ich denke hier besonders an bösartige Tumore, die sich bei ihm bilden, oder an tiefe Depressionen und Multiple Sklerose (MS), die Zerstörung des Nervensystems.

Wie bereits im **Band 1** unter dem Kapitel **Die 4 Grundkräfte der Natur** beschrieben, haben die eben genannten Kräfte auf der lebendigen Ebene von Sein+Zeit ihre Entsprechungen auf der leblosen Ebene von Materie und Energie. Nachfolgend nochmals die Gegenüberstellungen dieser Kräfte auf beiden Ebenen:

**SCHWERKRAFT**
entspricht der
**SINNKRAFT**

**ELEKTRO-MAGNETISCHE KRAFT**
entspricht der
**SEXUELL-EROTISCHEN KRAFT**

**SCHWACHE KERNKRAFT**
entspricht dem
**SELBSTWERTGEFÜHL**

**STARKE KERNKRAFT**
entspricht dem
**SELBSTERHALTUNGSTRIEB**

Wenn wir nun das Ereignis von Liebe auf der Ebene von Sein+Zeit vergleichen mit den Ereignissen auf der Ebene von Materie+Energie, wird unschwer erkennbar, dass das Wesen der Quantennatur auch dort seine Gültigkeit in gleicher Weise hat. Auf beiden Ebenen reagiert alles auf das Wirken der Urkraft gleichermaßen. Das ist ohnehin auch die Voraussetzung dafür, dass es die Urkraft ist, die hier wirkt, sonst wäre es nicht diese Kraft.

Und das Leben – sehr wichtig! – ist aus Sternenstaub geboren. Warum also sollten wir nicht die gleichen Strukturen haben und denselben, besser: den entsprechenden Gesetzen unterworfen sein wie Materie+Energie?

Die Entsprechungen der Grundkräfte einerseits im Komplex Materie+Energie und andererseits im Komplex Sein+Zeit (Letzteres ein Komplex, dem auch wir und **vor allem wir** als bislang höchste Entwicklung sinnvoller Evolution angehören), diese Entsprechungen sind sehr auffällig und eingängig, wenn ich hier von der **Sinnkraft** spreche und dort von der **Schwerkraft**, die beide die hervorstechenden Eigenschaften der Anziehung und Hinwendung haben.

Es sind geradezu magische Kräfte, die alles in ihren Bann ziehen: dort die Materie mit ihrer eingeschlossenen und disziplinierten Energie und hier das Sein mit seiner eingeschlossenen und disziplinierten und **vitalisierten** Energie, die bei uns nichts anderes ist als Zeit und daher wir selbst, sodass wir sind die **Makroatome** oder auch **Inkarnation von Zeit** mit der Hülle Sein.

Über die Gleichartigkeit **elektro-magnetischer** und **sexuell-erotischer Kraft** brauche ich wohl keine langen Erklärungen abzugeben. Sie ist jedem, der schon mal geliebt hat, auf Anhieb klar. Auch wird das sehr schön verdeutlicht mit der gängigen Redewendung „Zwischen den beiden hat es gefunkt", sooft sich zwei in der Liebe gefunden haben, wobei allerdings auch durchaus zunächst mal die Funken fliegen können, bevor die Gefühle harmonieren.

Und dann schließlich die **schwache** und die **starke Kernkraft** einerseits und das **Selbstwertgefühl** und der **Selbsterhaltungstrieb** andererseits.
Wieder sehr gut spiegeln sich in diesen Begriffen die exakten Entsprechungen. Das **Selbst** entspricht hierbei dem **Kern**.

Die Gleichheit ist eingängig und sticht ins Auge, denn der Selbsterhaltungstrieb ist so auch die stärkste Kraft, die uns innewohnt, während das Selbstwertgefühl einen Rang dahinter hat. Völlig entsprechend auch die starke und schwache Kernkraft auf der Ebene von M+E.

Die Akausalität der Quantennatur war vielleicht gar der gewichtigste Grund dafür, dass man sie nicht als Urkraft identifizieren konnte, siehe den Zufall im Würfelspiel. Dabei übersah man jedoch, dass die Kausalität erst eine Folge ist aus dem Wirken der Quantennatur, die so auch allmächtig ist und sich in allem, was ist, wiederfindet.

Bemerkenswert hierzu sind aber auch andere, auffällige Gemeinsamkeiten von Zeit und Materie bzw. von den

Atomen der Zeit und denen der Materie, die sich sogar in auch gemeinsamen Begriffen finden:

Beide **reflektieren und reagieren** unter dem Wirken der Urkraft. Auf der Ebene M+E sind 2 markante Beispiele zu nennen: Licht und Schall. So wirft der Reflektor ein ankommendes Licht zurück oder lenkt es in eine andere Bahn, z.B. um eine Ecke. Und das Echo, das von den Bergwänden widerhallt, ist nichts anderes als das Zurückwerfen bzw. Reflektieren eines von uns ausgesendeten Wortes oder Gesangs.

Auf der Ebene von S+Z ist die Reflexion allerdings ein Vorgang, der in uns selbst ausgelöst wird, sodass wir über einen Anreiz bzw. eine Provokation zum Denken angeregt werden, zu einem Denkprozess verschiedenster Art.

Dazu zählen so etwa das **Vordenken**, das **Nachdenken**, das **Überdenken** und das **Durchdenken**, deren Ergebnisse wir dann zumeist in akustischer oder schriftlicher Weise wiedergeben. oder auch nur in uns bewahren, um z.B. daraus zu lernen – ein schulischer Vorgang.

Unter dem Begriff **Reaktion** verstehen wir auf der Ebene von M+E vor allem chemische Vorgänge, wie sie etwa in den Labors geschehen, während auf der S+Z-Ebene – im Gegensatz zur inneren Reflexion! – das äußere Handeln bestimmt wird.
So wird z.B. aber auch der Widerstand gegen bestehende (schlechte) politische Machtverhältnisse als Reaktion im negativen Sinne verwendet, um solchen Widerstand etwa zu denunzieren, schlecht zu reden. Hierbei wird das Wort jedoch nur im Singular verwendet.

Auf der Ebene von Sein+Zeit gehört hier schließlich auch der **Reflex** dazu, der weitaus häufiger geschieht als die Reflexion, da Letzteres einen bewussten Denkprozess erfordert, während der Reflex eine automatische, besser: eine unwillkürliche Reaktion des Organismus ist, die nicht vom bewussten Willen gesteuert wird.

Als Beispiel nenne ich den Reflex, der beim Essen im engen Bereich von Kehlkopf, Luftröhre und Speiseröhre den Zugang zur Luftröhre versperrt. Sonst entsteht ein auch wiederum unwillkürlicher Reflex: der Husten, der die Speise zurückwirft, damit wir nicht daran ersticken. Und denken Sie an den Reflex, der von unseren Muskeln und Sehnen ausgeht, z.B. dann, wenn der Arzt mit einem Hämmerchen im Bereich unterhalb unserer Kniescheibe unseren Reflex prüft. Er wird also ebenso durch einen inneren oder äußeren Reiz hervorgerufen.

Die vorgetragenen Entsprechungen bei den Kräften in den Komplexen Materie+Energie und Sein+Zeit sind darüber hinaus nur möglich, weil diese Kräfte ausnahmslos einer einzigen Kraft unterliegen und von ihr dirigiert werden: von der Urkraft. Der Unterschied: Sein+Zeit ist die gehobene Ebene, weitaus komplexer als die darunter liegende Ebene von Materie+Energie.

Die Naturwissenschaft konnte die Weltformel daher aber auch nicht finden, weil sie nur der begrenzten Logik ihrer Teilbereiche und der linearen Logik von Formeln und Gleichungen auf der Ebene von M+E folgt, während ihr das umfassende Denken der Philosophie fehlt.

Allein mit diesem umfassenden Denken war auch die Weltformel und damit die Urkraft zu finden, weil dieser Urkraft nicht nur Materie+Energie unterliegt, sondern gleichermaßen Sein+Zeit und damit ebenso unser **Denken, Fühlen, Sprechen** und **Handeln** (siehe auch das Kapitel **Die 4 Grundkräfte der Natur** im Band 1).

Zu beachten ist hier aber ein auffälliger Unterschied zwischen beiden Ebenen:
Auf der reinen M+E-Ebene ist das Wirken der Quantennatur nur der leblose Zufall, auf der S+Z-Ebene hingegen der leblose oder lebendige Zufall einerseits, aber auch das leblose oder lebendige Unerwartete andererseits, wobei das bewusste oder unbewusste Handeln, die Reaktion, die Reflexion oder der Reflex, den Verlauf bestimmt.

Hierbei ist eine Form des Handelns auch die Artikulation, das gute oder böse Wort oder das Wort, das frei ist von Gut und Böse.
Die reine Information, etwa die Anweisung, wie ich ein Auto bauen muss, ist zwar gefällig, weil ich damit in Aussicht stelle, einen anderen Ort auf bequeme und schnelle Weise zu erreichen. Es steht jedoch nicht im Gegensatz zum Bösen, sodass diese Anweisung frei ist von Gut+Böse.

Hingegen ist eine Information, besser: die Aufklärung über mögliche Gefahren, z.B. durch Einbrecher, bereits gut, weil ich mich so durch geeignete Maßnahmen schützen und dem Zufall und eigentlich Unerwarteten und damit auch dem möglichen Bösen wirkungsvoll begegnen kann.

In diesem Fall sehe ich davon ab, dass die ungleich viel bessere und letztlich sogar einzig geeignete Maßnahme die ist, dass seitens der Politik dem **Supergrundrecht auf Sicherheit** Rechnung getragen wird. Denn nur so kann der Mensch auch in Freiheit leben und wird nicht zum Opfer des Täters mit dessen falscher Freiheit, so diese doch nur in Willkür endet. Denn sie hat nichts mit wirklicher Freiheit zu tun, absolut nichts – siehe auch das Kapitel im Band 1 zur **Freiheit, die ich meine**.

Jedoch – die Verantwortlichen in Medien und Politik hatten sich aufgrund meiner einschlägigen Äußerungen in den inoffiziellen Schriften nicht gescheut, mir mit der grundfalschen These **Freiheit vor Sicherheit** zu kontern – ein erbärmliches Zeugnis ihres geistigen Zustandes, weil hiermit dem Verbrechen Tür und Tor weit geöffnet werden!

Und weiter: Auf nun beiden Ebenen (S+Z und M+E) wirkt sowohl das Leblose wie das Lebendige, sodass dort auch ein dichtes Kausalnetz zu finden ist, soweit es unsere kleine Welt bestimmt.
Das heißt: Der Makrokosmos hat zunächst mal nichts mit dem lebendigen Unerwarteten, vielmehr nur mit dem leblosen Zufall zu tun und bleibt daher auch weitestgehend unbeeinflusst von dem, was bei uns im Mikrokosmos auf Erden geschieht.

Aber Materie, ein Produkt, wie es überall im Makrokosmos zu finden ist, wird von uns manipuliert und wandelt sich daher bei uns (im Mikrokosmos), weil wir mit ihrer Hilfe das Unerwartete und den Zufall harmonisieren wollen, um z.B. ein gestecktes Ziel zu erreichen.

Ein Beispiel: Wir verbinden verschiedene chemische Elemente, besser: wir verschmelzen diese Elemente, um damit etwa einen Stoff herzustellen, der härter, widerstandsfähiger und hitzebeständiger und dazu noch leichter ist als Stahl, damit wir z.b. für die Raumfahrt gerüstet sind.

Auf diese Weise erfährt Materie durch uns den manipulierten Zufall, was aber nie das Unerwartete für Materie ist, weil diese ohne jegliches Bewusstsein ist und daher auch nie etwas erwarten oder nicht erwarten kann.
Aber auch die niederen Formen in Sein+Zeit erfahren in gleicher Weise den manipulierten Zufall, soweit sie ohne ein Bewusstsein sind. Ich denke beispielhaft an die Pflanzenzucht, wo, vom Menschen aus gesehen, der bewusste manipulative Eingriff neue Arten hervorbringt.

So artikuliert sich alles Geschehen immer und überall, ob auf der leblosen Ebene von Materie+Energie oder auf der lebendigen von Sein+Zeit, im Wirken der einen einzigen Kraft: der Urkraft, der Quantennatur. Sie ist allgegenwärtig, durchdringt alles und ist allmächtig.

Was nun auf der M+E-Ebene als fügendes Durchdringen oder abstoßende Diskrepanz erscheint, ist hingegen auf der S+Z-Ebene die launige Erregung, das Glück, die Freude, der schöne Götterfunken oder, im Gegensatz dazu, das Schreckenerregende, die Erschütterung, die totale Blockade, der unüberwindliche Schock.

Es gibt jedoch alle nur denkbaren Stufen von der Erstarrung über die Belanglosigkeit bis zur Lebensbedrohung und dann tödlichen Wirkung, mit einer Temperaturskala von eisiger Kälte über wohltemperiert bis zur brütenden Hitze. Allerdings ist ohne eine entsprechende Schutzkleidung unser eigenes Sein allein in einem noch engeren Bereich von nur wenigen Graden möglich. Das hängt ab von den inneren Temperaturen, denen des Körpers, auf die ich im Folgekapitel eingehe.

Im Komplex von Materie+Energie reicht die Skala vom absoluten Nullpunkt, das sind minus 273,16 Grad Celsius oder Null Grad Kelvin, über die für das signifikante Leben gerade noch akzeptablen minus 50 bis plus 50 Grad Celsius und schließlich bis zu nicht mehr vorstellbaren 1 Billion Grad, wo selbst noch das Feuer der Hölle wie ein angenehmer Eisschrank erscheint.

----------

Zum **Bewusstsein** gehört gleichermaßen das **Selbstbewusstsein**. So wird auch erst durch die Kraft der Erotik aus der grauen Maus die selbstbewusste Schönheit mit einem hohen Selbstwertgefühl, und aus dem Hasenfuß wird der kämpferische Löwe: furchtlos, hoch motiviert, voller Sturm und Drang. Man sagt auch: „Hinter dem Erfolg eines Mannes steht eine starke Frau."

Es ist die Liebe, der Eros, der auch die Angst überwindet und unser Selbst stark macht, und aus dem die Gottheit geboren wird, die die Welt verändert – so für auch sehr viele Menschen zu verstehen und nachvollziehbar, während dieser Eros in unserer gegenwärtigen Welt nahezu abhanden gekommen, von der Dominanz der Sexualität fast schon zerstört ist und so aber die Angst regiert –

Angst, Panik, Hysterie und Orientierungslosigkeit, Depression, Hoffnungs- und Mutlosigkeit.

Diese Sexualität, die ohne Liebe ist, sie ist die warme Brutstätte für alle nur erdenklichen Absurditäten. Denn sie folgt der Bewusstlosigkeit dunkler Triebe, weil ihr das Grundsätzliche fehlt: die Intelligenz der Gefühle mit dem Bewusstsein um die Folgen des Absurden und so auch des Verbrechens. (Siehe hierzu das nun folgende Kapitel.)

# DAS WANDELNDE DURCHDRINGEN

----------

**Ännchen von Tharau, mein Licht, meine Sonn,
mein Leben schließt sich um deines herum**[7]

Diese Zeilen aus **Ännchen von Tharau** gehören zu den schönsten im deutschen Volksliedergut. Sie belegen die herausragende erfühlende Intelligenz im Deutschtum mit den hohen Tugenden, von denen die Liebe die höchste ist.

Die Zeilen dieses Liedes bergen den innigsten Wunsch nach einer unvergänglichen und unzerstörbaren Vereinigung mit dem geliebten Wesen und beschreiben so auch die Eigenart der Vollendung von Liebe im wandelnden Durchdringen, wenn aus zwei Liebenden eine ganz neue Form in Sein+Zeit hervorgeht, die von mir als Gottheit erkannt ist.

Bei der von der Liebe isolierten Sexualität gibt es diesen innigsten Wunsch hingegen überhaupt nicht. Hier besteht eine unüberwindliche Abstoßung, ein Widerwille, siehe den One-night-stand. Denn mit der Sexualität ohne Liebe

---

[7] Der Autor dieses Volksliedes war der ostpreußische Dichter **Simon Dach**. Es entstand im 17. Jahrhundert. Das genaue Datum ist nicht bekannt, jedoch zu einer Zeit, als die Forschung noch nicht wusste, wie der Einzeller seinen Kern bekam, durch das Umschließen eines anderen Einzellers. Somit sind diese Worte des Dichters auch der Nachweis der hohen Intelligenz der Gefühle und folglich auch der Liebe im Deutschtum. Jedoch war das so nicht nur zu dieser Zeit und auch nicht erst in der Deutschen Romantik. Ich denke hier an die höfischen Minnesänger im 13. Jahrhundert, beispielhaft: **Walther von der Vogelweide**.

verbrennen die Gefühle, sie sind sterblich, sehr sterblich. Mit der Sexualität in der Liebe brennen die Gefühle auch, sie verbrennen aber nicht – der Fingerzeig zu den Sternen.

Sehr bemerkenswert: Diese Form des Umschließens ist überhaupt die Urform des wandelnden Durchdringens. Denn die Wissenschaft hat sie sogar beim niedrigsten Lebewesen, dem Einzeller, gefunden, siehe auch den kurzen Hinweis in der Fußnote 7 eine Seite zuvor.

Nachdem dieser Einzeller bereits 2 Milliarden Jahre existiert hatte, schaffte er den Quantensprung und erhielt seinen Kern, den **Zellkern**. Das geschah, indem sich das Leben des einen Einzellers um das Leben eines anderen schloss und ihn damit in sich aufnahm. Durch diesen Prozess entstand daher vor 1½ Milliarden Jahren das für den signifikanten Fortschritt in der Evolution höhere Lebewesen. (Vor etwa 3½ Milliarden Jahren entstand das Leben hier auf unserer Erde.)

Dieser Prozess kann jedoch auch so gedeutet werden, dass ein Einzeller in einen anderen Einzeller einzudringen vermochte und mit ihm eine Einheit wurde. Der Akt ist also bivalent, zweiwertig. Aber sowohl der eindringende wie der umschließende Teil will oder duldet, dass es geschieht.

Allerdings wurde daraus – im Gegensatz zur Liebe – der reine Geschlechtsakt, beim Tier wie zunächst auch beim Menschen. Und kommt es dabei zur Befriedigung, bedeutet das ein Ende des Eindringenwollens.

Hierbei wandeln sich die Gefühle nicht selten in Widerwillen und bewirken somit das Ende der Beziehung, siehe beim Menschen beispielhaft wieder den One-nightstand. Und wenn das Umschließen oder Eindringen einseitig geschieht, dann ist es die Vergewaltigung, die es meines Wissens nur beim Menschen gibt, nicht beim Tier.

Zunächst aber nochmals zu Einsteins Würfelspiel, das als blindes Gegenstück zum Thema dieses Kapitels passt:
Dies Würfelspiel ist so, wie von ihm dargestellt und verstanden, immer nur das einmalige, isolierte Ereignis und hat, im Gegensatz zur Natur der Urkraft, bei jedem Wurf die gleiche Ausgangssituation mit der gleichen Wahrscheinlichkeit, dass die Zahl 1 oder 6 oder 2 oder 5 oder 3 oder 4 zuoberst liegt.

Jedoch und das Entscheidende: Die Quantennatur mit ihrem Wesen der Provokation, sie wandelt die Dinge durchdringend bis vorerst zur Harmonisierung oder verwirft oder vernichtet sie – gnadenlos, ohne Erbarmen und ohne Interesse.

Das wandelnde Durchdringen kennen wir im Komplex von Materie+Energie sehr gut, wenn durch den Reiz, hier eine starke Erhitzung (der Reiz oder die Provokation ist wohl immer verbunden mit einer Änderung der Temperatur: kälter oder wärmer), wenn durch den Reiz beim Aufeinanderprallen von z.B. Wasserstoffatomen und der daraus folgenden Fusion Helium wird, ein Edelgas.

Augenfällig wird das wandelnde Durchdringen, wenn z.B. aus Gas-Atomen ein Molekül mit anderem Aggregatzustand wird, sodass aus Wasserstoff (ein Gas) durch die

Fusion mit Sauerstoff (auch ein Gas) flüssiges Wasser wird, womit sich also zwei Gase sichtbar wandeln in eine Flüssigkeit.

Wie bereits dargestellt, sind Temperaturunterschiede (aber auch die des Drucks) im Komplex M+E gewaltig. Sie reichen vom absoluten Nullpunkt (etwas tiefer als minus 273 Grad Celsius) bis zu einem Wert von 1 Billion Grad.
Im Komplex Sein+Zeit hingegen, hier spreche ich mal nur von den Warmblütern, zu denen der Mensch gehört, gibt es eine innere Temperatur, die mittlere Körpertemperatur, von gerade mal 30 Grad (Ameisenigel) bis etwa 44 Grad (Zaunkönig). Dazwischen ist der Mensch mit 36,5 bis 37,5 Grad angesiedelt..

Die Unterschiede bewegen sich hier also, wie auch bei anderen Tierklassen, nur im sehr engen Bereich von wenigen Graden, wo der Mensch bereits bei einem Spitzenwert von etwa 42 Grad „überkocht" und stirbt. Auch im unteren Bereich gibt es wenig und lediglich eine kurze Dauer Spielraum, um zu überleben. Gleiches gilt für den Druck.

Unabhängig vom Fieber haben wir so aber auch das Gefühl, unser Blut kocht, schon wenn der Puls nur etwas höher schlägt als normal, weil wir von etwas herausgefordert bzw. provoziert werden.

Und wenn wir das zugrundeliegende Geschehen nicht durch die richtige Reaktion und/oder Reflexion zu harmonisieren verstehen, damit das Blut wieder kühler wird, dann macht es uns krank, das „kochende Blut".

Wir können z.B. am Herzinfarkt oder Hirnschlag sterben, weil Druck und Temperatur im nur extrem geringen Bereich möglich sind, um zu überleben.
Gegensteuern kann in gewissem Umfang die Medizin mit ihren Drogen, ich meine die Arzneien und Psychopharmaka. Der Patient ist zwar ruhiggestellt, die Ursache für das „Kochen" und den Druck durch die Provokation ist damit jedoch nicht behoben, das Problem ist nur verdrängt.

So fühlt sich der Mensch bei entsprechender Enthaltsamkeit und Zurückhaltung auch nicht mehr provoziert.
Dennoch kann sich die Krankheit in anderer Weise bemerkbar machen, weil die Bedingungen auch weiterhin Wirkung zeigen, sodass das Verdrängen niemandem wirklich nützt, es nur eine verlängerte Galgenfrist setzt.

Wie nun Druck und Hitze eine Voraussetzung sind für die Fusion von Materie, so gilt dies auch im Bereich von Zeit, wobei jedoch Materie, und in der Folge auch die Energie, einer ungleich viel größeren Hitze und einem ungleich viel höheren Druck ausgesetzt sind und diesem auch standhalten.

Im Bereich von Zeit, siehe oben, sind diese hingegen moderat und wohltemperiert, sonst würde der Mensch sich nicht ändern, sondern verbrennen und erdrückt werden. Grund ist die sehr unterschiedliche Verfassung von Zeit und Materie, da Zeit nicht nur komplexer, sondern auch lebendig und damit auch außergewöhnlich sensibel ist, sodass relativ geringe Hitze und relativ geringer Druck ausreichen, um sie zum Glühen zu bringen.

Somit reichen auch hier beide Eigenschaften (Druck und Hitze) bereits aus, um den Menschen an den Rand des Wahnsinns zu bringen und ihn schließlich durch das Ereignis erdrücken und verbrennen zu lassen, so er nicht die richtige Reaktion, die richtige Antwort weiß.

Das ist zudem ein sehr deutlicher Hinweis darauf, dass die rein psychische Gewalt strafrechtlich gleichzusetzen ist mit der physischen, der körperlichen Gewalt, soweit diese als Verbrechen erkannt und nicht eine Reaktion der Notwehr und des Widerstandes ist.
Ein Beispiel psychischer Gewalt, der jedoch relativ geringen Art, ist hier die Auswirkung beim ordinären Mobbing.

Die psychische Gewalt ist im Letzten sogar verheerender, weil sie nicht oder nur unwesentlich die Merkmale der körperlichen Gewalt hat. Denn bei der psychischen Gewalt verbrennt der Mensch von innen her und geht unter, was für den Außenstehenden aber entweder erst am Ende, und damit zu spät, oder auch gar nicht erkennbar wird.

Im Gegensatz dazu lässt die körperliche Gewalt sogleich die äußeren Spuren sichtbar werden, was somit auch erst dann dem Gesetz nach weitaus eher als Straftatbestand definiert ist – sehr tragisch für das Opfer psychischer Gewalt, das so in seiner Isolation und Hilflosigkeit auch körperlich zugrunde geht.

----------

Wieder zum Hauptaspekt dieses Kapitels, dem wandelnden Durchdringen. Dies ist zuvor auch fast immer verbunden mit der Interpolation im Komplex von Versuch+Irrtum. Ein Irrtum liegt dann vor, wenn keine Anpassung, keine Harmonisierung, keine Wandlung möglich, aber eine Abstoßung die Folge ist. Mit dieser Abstoßung einer geht die Selektion, womit auf beiden Ebenen, der von Sein+Zeit und Materie+Energie, das eine beständig ist und das andere zerfällt und untergeht.

Bei diesen Prozessen der Interpolation, Selektion, Abstoßung und Fusion gibt es mannigfache Facetten. Denn die Urkraft lässt mit stoischer Gleichmut alles werden und vergehen. Sie ist der Gegensatz, weil sie selbst auch lebendig ist und leblos. Und sie schafft den Gegensatz und seine Wirkung. Wenn zwei Elemente aufeinandertreffen

- fangen sie Feuer oder erkalten

- explodieren sie oder implodieren

- stieben sie auseinander oder finden sich zusammen

- blühen sie auf oder verwelken und vergehen

- nehmen sie eine Farbe an oder ergrauen und werden farblos

- gefrieren sie oder verdampfen

- erstarren sie oder bewegen sich

- werden sie butterweich oder steinhart

- und es brodelt, kocht und zischt, donnert und blitzt, um hernach wieder in Harmonie und heiterem Gedeihen zu verharren.

Es gibt sicher noch einige andere Reaktionen dieser Art. Sie sind das, was z.B. in den Labors geschieht.

Dann aber macht die Urkraft auch, dass wir, die wir auf der gehobenen Ebene von Sein+Zeit sind,

- geboren werden und sterben
- erkranken und gesunden
- traurig sind und froh
- hoffen und verzweifeln
- himmelhoch jauchzen und zu Tode betrübt sind
- Traurigkeit und Schmerz empfinden und die Freude, den schönen Götterfunken

Aber nehmen Sie getrost alle Verben, die Tätigkeitswörter, und dazu auch alle Adjektive, die Eigenschaftswörter der Ergebnisse dieser Tätigkeiten, dann erkennen Sie auch, dass alles wandelnd durchdrungen ist von der Urkraft, das eine Mal kaum wahrnehmbar und harmlos, das andere Mal mit Getöse und spektakulär. Das eine Mal sanft, das andere Mal rau. So denn – panta rhei, alles ist im Fluss, alles ändert sich – das eine früher, das andere später.

An keinem Punkt waren und sind diese Reaktionen, Reflexe und Reflexionen als Folge der Provokation und Herausforderung je abgeschlossen, bis nicht doch eine (sinnvolle) Synthese geboren ist, sodass z.B. in Milliarden Jahren aus einer schier unermesslichen Zahl von Partikelchen eine Sonne entstand und mit ihr die Planeten, darunter die Erde, dann die Natur mit den Pflanzen, den Tieren und schließlich auch mit dem Menschen.

Diese mannigfach provozierten Reflexe, Reflexionen und Reaktionen – mit denen einhergehen die Selektion und Abstoßung –, sie sind die Interpolation, die wiederum bis zur **Synthese** reicht.

Nicht nur im Bereich von Evolution nennen wir diesen Komplex auch **Versuch und Irrtum**, woraus die **These-Antithese-Antithese-Antithese** ... hervorgeht bis zur (vorerst) sinnvollen **Synthese**, die sich erneut als **These** anbietet, siehe hierzu den **Philosophen Georg Wilhelm Friedrich Hegel**.
Die Fusion wiederum ist auch eine Synthese. Und insgesamt ist es der Rote Faden sinnvoller Evolution im Wirkkreis der Urkraft.

Was dann aber in dieser Selektion etwa in Sein+Zeit hervorgeht, wenn das Geschehen trotz aller Problematik harmonisiert ist, reicht in der Skala seiner Beständigkeit von kurzen bis sehr langen Zeiträumen und kann gar einen Ewigkeitswert bekommen, selbst wenn es nicht mehr wirklich ist, nur noch in unserem Gedächtnis und in unseren Erkenntnissen vorhanden. Das wiederum ist dieser Rote Faden, den die Urkraft schafft, woraus die

Vorsehung sinnvoller Evolution ablesbar ist, die sich in unseren Visionen niederschlägt.

Diese Vorsehung erkläre ich mit einer Metapher, einem Sinnbild: Der Bär hinterlässt auf seinem Weg Spuren, denen der Jäger nachstellt, denn er folgert aus den Spuren richtig, wohin der Bär geht. Dieser wiederum hinterlässt seine Spuren ohne jegliche Absicht, ohne dass er dem Jäger damit sagen will, wohin er geht, und ohne ein Wollen, dass der Jäger ihm folgt.

In derselben Weise hinterlässt auch die Urkraft ihre Fußspuren und Fingerabdrücke, ohne dass sie die Absicht hegt, dass der Mensch das erkennt und ihrer Richtung folgt, eine Richtung, die so auch erst durch das Erkennen und die Erkenntnis zur Vorsehung wird.

Es bleibt somit allein der Intelligenz und Potenz des Menschen überlassen, ob er auch richtig erkennt und seine richtigen Rückschlüsse zieht und schließlich auch danach handelt. Sonst hat er sich von der Welt zu verabschieden, sodass die Zukunft nur noch ist wild.

Mit der Harmonisierung aber geht auch die Abnahme des Chaos einher, und sie findet einen entscheidenden Höhepunkt in der neuen Dimension von Sein und Zeit, in der Gottheit. Diese hat einen Ewigkeitswert, ist zuvor aber noch nie gewesen. Allein nach den Gesetzen der Evolution wird es sie geben.

Einer von vielen Beweisen hierfür ist auch die Unbestimmbarkeit im Wirken der Urkraft, die der Gläubige, mit der allerdings notwendigen dialektischen Windung, die Unergründlichkeit im Walten seines Gottes nennt, um damit auch das Böse zu rechtfertigen, während es lediglich Zeugnis ist für die geistige Kapitulation vor dem Unerkannten.

Der Mensch glaubt so denn nach dem Grundsatz: **Credo, quia absurdum**. Frei übersetzt: Ich glaube gerade deswegen daran, weil es so schön widersinnig ist und weil die Gefühle eben auch nichts mit der Ratio, mit dem Verstand, zu tun haben.

Ein schwerer Irrtum; sogar verdammt viel haben sie damit zu tun! Denn auch die Gefühle haben einen Verstand. Es ist das, was ich die **Intelligenz der Gefühle** nenne. Mit dieser Intelligenz, dem Verstehen oder Begreifen, weicht die diffuse Dunkelheit und schiere Unergründlichkeit dem Licht des Eros.
Und mit ihm offenbart sich uns alles im Wohlklang sinnvoller Einheit der ganz neuen Dimension von Sein+Zeit hier auf Erden, ohne den dialektischen Kunstgriff von der Unergründlichkeit und nie nachweisbaren Jenseitigkeit.

Das Böse gibt es neben dem Guten allerdings auch ohne den geringsten Zweifel, denn die Urkraft wirkt unerbittlich, ohne jedes Erbarmen und ohne Gnade, sodass sie folglich auch nicht daran interessiert ist, ob das Gute oder das Böse obsiegt.

Worum es aus diesem Grunde geht, ist die gerade angesprochene Intelligenz der Gefühle, die einzig fähig ist, das Geschehen sinnvoll zu harmonisieren. Denn erst sie macht das umfassende Begreifen möglich.

Im Gegensatz dazu ist Einstein mit einem Gemisch aus formaler Intelligenz und viel zu viel Fantasie der rein linearen Logik des Wortes und der Formel nachgegangen. Die ernüchternde Folge: Sein Weltbild zur Krümmung von Raum und Zeit verliert sich im geistigen Nirgendwo.

Die eigentliche Tragik solcher Irrtümer in unserer Gesellschaft: Andere Sichtweisen und Erkenntnisse werden nicht zugelassen und verdrängt, sodass die Forschung auch stets in die falsche Richtung schaut und den falschen Spuren folgt. Die Folge: vergeudete *Zeit, vergeudete finanzielle Mittel.

Nehmen Sie hierzu als Beispiel meine Aufzeichnung im Band 1 dieser Schrift zur Weltformel, wo ich am Anfang des Kapitels auf Einsteins große Irrtümer eingehe und dabei einen absolut korrekten Eintrag in Wikipedia zitiere. Es war ein Eintrag, der auch von meinen Erkenntnissen angeregt worden war und wonach eine radikale Änderung unseres Verständnisses der Natur, insbesondere von Raum und Zeit, zur Überwindung der Spaltung der Physik notwendig sei.

Jedoch ist es leider auch Zeugnis vom erbärmlichen Zustand des Internetz-Lexikons Wikipedia, das immerhin eine gewisse wissenschaftliche Wertschätzung beansprucht; denn dieser Eintrag wurde wieder gelöscht, mit der Begründung, er sei schlecht gewesen.

Damit aber wurde nicht nur die Freiheit der Meinung, für die man sich in unserer „Wertegemeinschaft" lauthals stark macht, zur Farce. Vielmehr hatte ich auch unwiderlegbar nachgewiesen, dass erst diese radikale Änderung unseres Verständnisses für die Natur die richtige Einordnung und Vorstellung der beiden Phänomene Raum und Zeit ermöglicht!

Bei den zuvor genannten Provokationen, die des Menschen Existenz bedrohen, denke ich an irdisch hausgemachte und kosmische Bomben. Kosmische sind Kometen und Asteroiden von erheblichem Ausmaß, die Abermillionen und gar Milliarden Menschen vernichten, so sie unseren Planeten treffen.

Das Gleiche gilt für irdisch hausgemachte Bomben, wie etwa den Ausbruch eines Supervulkans vom Format des Yellowstone-Parks, der auch das Ende unserer Zivilisation weltweit bedeuten könnte, bis hin zur Vernichtung allen höheren Lebens.

Es sind Ereignisse, die die Erde mit tödlicher Sicherheit in der Zukunft treffen werden, wobei die Zukunft sich mit jedem neuen Moment als unsere Gegenwart versteht. Hat der Mensch nun aber bis zu diesem bedeutsamen Punkt der Ereignisse in der Zukunft keine Antwort auf solche Provokationen der Urkraft gefunden, so ist er zunächst sehr stark in seiner Existenz bedroht und geht schließlich sogar unter, sodass die Zukunft nur noch ist wild.

Es ist der Supergau für des Menschen Dasein, womit aber auch deutlich wird, von welch immenser Bedeutung die richtigen Erkenntnisse sind, die richtigen Erkenntnisse mit den richtigen Schlussfolgerungen für den Erhalt des Menschen auch in einer Zukunft.

Bei diesen Erkenntnissen geht es jedoch nur um den Pfad sinnvoller Evolution in eine ganz neue Dimension von Sein+Zeit: hin zur Gottheit. Und dieser Pfad sind einzig Geist und Liebe mit ihrer Intelligenz der Gefühle. Über das hinaus sind diese aber auch bedeutender Inhalt der neuen Dimension von Sein+Zeit.

----------

**Allerdings** – es gibt zu den am Kapitelbeginn stehenden Zeilen eines deutschen Volksliedes und der Gleichartigkeit in der Entwicklung des Einzellers hin zu seinem Zellkern weitere, ganz erstaunliche Sequenzen, die große Fragen der Menschheit schlüssig beantworten, so diese sind:

- **Wie entstand die Sexualität?**

- **Wie entstanden Aggressionen?**

- **Wie entstand das Fressen und Gefressenwerden?**

- **Wie entstanden kriminelle Energie, die Gier und Habsucht und damit auch Vergewaltigung, Raub und Mord unter den Menschen?**

- **Wie aber auch kam es zu Aufwiegelungen und Brandstiftungen von Rebellionen, Bürgerkriegen, Kriegen und Weltkriegen?**

Die **Antwort**: Das Umschließen des einen Einzellers durch einen anderen bzw. das Eindringen des einen

Einzellers in einen anderen, woraus die höhere Form des Einzellers mit dem Zellkern hervorging – das findet sich ohne Zweifel wieder in verschiedenen Verhaltensformen und Geschehnissen in der *Zeit hernach.

Weil das Eindringen des einen Einzellers in einen anderen nicht nur ein Erfolgsmodell war, sondern auf diese Weise wohl auch zum Ur-Gen wurde, entwickelte sich in der logischen Folge daraus alles, so auch der Mensch, der diese Phänomene des maskulinen Eindringens und des femininen Aufnehmens in seinem Genom hat, in seinen Anlagen. Es wurde ihm somit aus den tiefsten Tiefen der Vergangenheit mitgegeben.

Zum besseren Verständnis:
Die Erbfaktoren eines Menschen sind seine **Gene**, die jeweils einen Abschnitt auf den **Chromosomen** bilden. Diese sind wiederum die bekannten **fadenförmigen Strukturen**, die in jedem Zellkern vorhanden sind und von denen der Mensch **46 verschiedene** hat.
Die Gesamtheit der Chromosomen schließlich nennt man das **Genom**.

Jedoch ist es nicht mehr ganz korrekt, wenn man beim Gen nur von einem Erbfaktor spricht, von einer geerbten Eigenschaft. Vielmehr ist nach den neuesten Erkenntnissen der Forschung auch die heiße Gegenwart – das sind die Bedingungen, unter denen wir leben – ein prägendes Moment, das unsere Entwicklung, unser Empfinden und Verhalten bestimmt und so auch unmittelbar in den Chromosomen verankert wird.

Erst dann wird das Gen mit ihnen, den Chromosomen, an die Nachkommen weitergegeben, für die es in genau diesem Moment zu einem Teil ererbter Anlagen wird.

Ich selbst hatte nachweislich schon viele Jahre vor dieser Erkenntnis der Forschung gewusst, dass das Umfeld prägend ist für unsere Entwicklung. Ich hatte nur nicht erkannt, dass es auch unmittelbar in den Genen gespeichert wird, sodass aber die Erkenntnis der jüngeren Forschung meine eigene Erkenntnis nicht nur vollauf bestätigt hat.

Die logische Folge aus der Bildung eines Ur-Gens durch den Quantensprung der Evolution bei der Entstehung eines Zellkerns sieht nun so aus:

♦ Zunächst entstand beim Tier vor fast 400 Millionen Jahren die Sexualität durch einerseits die weibliche Öffnung, die Vagina. Bei entsprechenden Voraussetzungen signalisiert sie die Bereitschaft des Aufnehmenwollens und so auch das Gewähren vom Eindringen des männlichen Teils. Denn andererseits war als Pendant (Gegenstück) zur Vagina das männliche Glied, der Penis, entstanden, der wiederum dem weiblichen Gegenpart, auch bei entsprechenden Voraussetzungen und mit den vielfältigen Werbungen in der Balz, signalisiert: „Ich möchte in dich eindringen."

♦ Wegen beidseitiger Lust und Willigkeit wurde somit die Nachkommenschaft auf einem relativ hohen Niveau evolutionär vorangetrieben, denn es blieb nicht bei der nur primitiven Zellteilung oder Eiablage mit der Befruchtung außerhalb des Körpers und der passiven

Samenübertragung. Mit der Sexualität entstanden so vielmehr komplexe Lebensformen mit ihren spezifischen Eigenschaften.

♦ Diese Art der Fortpflanzung blieb dennoch eine unzureichende Form, weil sie den großen Herausforderungen, die das Dasein im Wirken der Urkraft mit sich bringt, nicht gewachsen ist. Und daher sind schon viele Millionen Arten trotz emsiger und lustvoller Fortpflanzung ausgestorben. Und das gleiche Schicksal droht auch dem Menschen, wenn er in seiner sträflichen Ignoranz gegenüber Wahrheit und Wirklichkeit der Bedingungen, unter denen wir leiden und sterben, verharrt.

♦ Jedoch gibt es neben der Bereitschaft und Willigkeit auch den Unwillen beim Eindringen in den Körper durch den Anderen. Beim weiblichen Tier führt das zur effektvollen Abwehr, indem es z.B. keine Duftstoffe aussendet und auf diese Weise signalisiert, dass es nicht aufnahmebereit ist, sodass auch niemand in seinen Körper eindringen darf.

♦ Beim Menschen hingegen, bei dem die weibliche Sexualität nur durch die Menstruation eingeschränkt wird, führt das bis hin zur Vergewaltigung und gar zu Mord („Bist du nicht willig, so brauch´ ich Gewalt."). Diese Pervertierung der Sexualität gibt es meines Wissens nicht beim Tier. Die Aggressionen dort entwickelten sich aber unter den männlichen Rivalen, jedoch auch hier mit oft tödlichen Folgen.

♦ Durch zunächst nur den reinen Akt der Aufnahme in den eigenen Körper beim Einzeller und dann vor allem

auch durch den allein sexuellen Akt und die hieraus wiederum entstehenden Aggressionen wurde in der Folge der Evolution über den Zellkern hinaus aber auch die ganz andere Aufnahme des Anderen in den eigenen Körper geboren: **das Fressen und entsprechend das Gefressenwerden**.
Auch dies offenbar ein „sinnvoller", weil erfolgreicher Akt für das eigene Fortbestehen sowohl im Tierreich, aber ebenso beim Menschen, der das Tier als Nahrungsquelle auch heute noch nutzt.

♦ Nicht nur das Raubtier wurde auf diese Weise stark und mächtig, siehe die Raubsaurier, die unumschränkten Herrscher über die Erde für über 160 Millionen Jahre. Auch der Mensch wurde so erst zum Menschen und der bislang aber noch verantwortungslose Herr über diese Welt.

♦ Der fatale Umstand des Fressens der eigenen Spezies fand aber beim Menschen ein Ende (ich sehe mal von den Menschenfressern ab, die es vereinzelt sogar auch heute noch gibt). Dafür trat dann die andere, nicht minder fatale Gewalt beim Menschen in besonderem Ausmaß hervor:

♦ Es entwickelten sich die schon angesprochenen Aggressionen und die kriminelle Energie bis einerseits hin zu egomanischen Störungen der Lüge und des Betrugs, der böswilligen Manipulationen und arglistigen Täuschungen, der Drohungen und Erpressungen, der Gier und Habsucht, von Raub und Raub mit Todesfolge, schließlich von Vergewaltigung, Lustmord und Mord.

♦ Anderseits kam es zu Brandstiftungen von verschiedenen Formen des Krieges, so auch zu Bürgerkriegen und Weltkriegen, und im Zuge dessen gar zum Völkermord.

So entstand beim Menschen mit dem Umschließen- bzw. Eindringenwollen aus den Uranfängen des Lebens zunächst ein abstruses Verhalten. Wie vor Äonen dem Raubsaurier, so sicherte das jedoch dem Gewalttäter und Räuber und dem hinterlistigen Kriegstreiber neben dem eigenen Fortkommen und der eigenen Existenz aber auch die Macht über andere Menschen – jedoch entgegen jeder Menschlichkeit und Menschenwürde.

Effektiv unterbrochen und auch beendet wird dieser verhängnisvolle Umstand des Fressens und Gefressenwerdens somit erst durch die Liebe.
In dieser Liebe gibt es zwar auch noch das Fressen, wie es uns urzeitlich der Einzeller bei der physischen Aufnahme des anderen Einzellers vorgemacht hat. Jedoch ist das dann nur noch in den verbalen Artikulationen zu finden wie etwa: „Ich habe dich zum Fressen gern" oder „Ich möchte dich mit Haut und Haaren verschlingen, so sehr liebe ich dich".

Für den Menschen ergibt die gewaltsame Aufnahme von des Anderen Vermögen und gar dessen physische Aufnahme und Zerstörung absolut keinen Sinn mehr. Es wird zu Recht als Verbrechen definiert.

Es ist ein Relikt aus der Welt des Tieres, das wir jedoch folgerichtig beim Menschen nun das Böse nennen. Nur die Liebe, wie ich sie erkannt und beschrieben habe und wie sie allein dem Menschen gegeben ist, wird diesen verhängnisvollen Prozess des Fressens und Gefressenwerdens durchbrechen und die ganz neue Dimension in Sein und Zeit offenbaren: die Gottheit.

Auf diese Weise fügt sich schließlich aber doch alles harmonisch mit der Fusion von Zeit, mit der vollendeten Liebe. Denn erst die hieraus hervorgehende Gottheit bestimmt unser weiteres Schicksal und Geschick in der Maxime allein des Guten – herleitbar jedoch einzig aus der Urform, als der Einzeller vor 1,5 Milliarden Jahren seinen Zellkern bekam, womit das wandelnde Durchdringen begann.

Der wesentliche und entscheidende Unterschied in beiden Prozessen, hier beim Menschen und dort beim Einzeller: Beim Menschen sind es nicht mehr die Körper, die Hüllen von Sein, die verschmelzen, sondern der Inhalt, das Innere der Hüllen. **Das aber ist der Kern von Sein: die Zeit!**

Somit ist diese Fusion von Zeit in der vollendeten Liebe die Richtung gebende Besonderheit für alle weitere dynamische und sinnvolle Evolution, so doch der Mensch, genauer: seine genetische Folge auf der höheren Ebene des Umschließens und Eindringens nun den grausamen Prozess des Fressens und Gefressenwerdens mit ihrer Liebe durchbricht.

Es ist die höhere Ebene, weil nicht mehr die Physis, das Körperliche, aufgenommen und verschlungen wird, sondern es sind zwei Kerne von Sein, die fusionieren. Diese Kerne aber sind die Zeit, deren wesentlicher Teil beim Menschen die Seele ist, woraus schließlich die ganz neue Dimension von Sein und Zeit mit ihrer Gottheit hervorgeht.

Soweit es jedoch um die Welt des Tieres geht, hierzu hatte ich schon am Beginn meiner Philosophie vor vielen Jahren gesagt, dass ich dort, im Gegensatz zur Welt des Menschen, keine Möglichkeit eines Endes vom Fressen und Gefressenwerden sehe. Denn die Fauna, die Welt der Tiere, wie aber auch die Flora, die Welt der Pflanzen, sind in ihrer Wesenheit die solide Basis allen Seins und für den sinnvollen Fortgang von Evolution über den Menschen hin zur Gottheit unverzichtbar.

Daher gibt es dort auch nicht die geringste Möglichkeit für ein Ende vom Tarnen und Täuschen, vom Hauen und Stechen und Fressen und Gefressenwerden. Denn die Welt käme aus dem Gleichgewicht mit der Folge vom Untergang global allen Seins, wenn diese Basis, auf welche Weise auch immer, zerstört würde.

Die gute Seite sinnvoller Evolution in diesem Fall jedoch: Der Mensch wird ein ganz anderes Verhältnis zum Tier bekommen, es nicht mehr für den Profit und irgendwelchen zweifelhaften Genuss und für die Potenz misshandeln und zu Tode quälen oder sogar ausrotten.

Über das alles hinaus: Die ursprüngliche Form des Eindringens und Umschließens beim Einzeller gleicht noch eher dem Prozess auf der Ebene von Materie und Energie, sodass in dieser Ursprünglichkeit gleichsam ein fließender Übergang von Materie zum Sein erkennbar wird, der noch sehr einfache Übergang vom leblosen zum lebendigen Dasein. Demgegenüber ist der Prozess vom

Tier über den Menschen zur Gottheit mit der Fusion von Zeit weitaus komplexer; dennoch ist es ein Analogon, eine Entsprechung.

Aber noch ein Wort zu den am Kapitelanfang genannten hohen Tugenden im Deutschtum: Das hat absolut nichts mit Rassismus zu tun, ein Begriff, der bei uns ohnehin bereits den rein inflationären Charakter hat und somit weitgehend wertlos geworden ist. Und nicht nur das – er hat sich sogar für die Kläger selbst zum schwer kriminellen Bumerang gewandelt.

Das sehr schöne Beispiel hierzu gab es vor einiger *Zeit in einer einschlägigen FS-Doku. Hierin beklagten sich Polizisten darüber, dass es ihnen verboten wurde, gegen kriminelle Schwarzafrikaner vorzugehen, die ganz offen und somit unbeanstandet an den einschlägigen Brennpunkten mit Rauschgift handeln dürfen, womit sie vor allem das Leben unserer Kinder und Kindeskinder zerstören.

Denn, so die Begründung, es sei Rassismus, gegen die Männer mit anderer Hautfarbe vorzugehen – Abgründe ohne Ende, die sich in unserer „Wertegemeinschaft" in allen Bereichen auftun und die erkennbar nur den Volkstod der Deutschen „von seiner schönsten Seite" zum Ziel haben.

Ich aber nenne solche Schwarzafrikaner daher auch **Neger** oder **Nigger**, weil sie als Verbrecher in hohem Maße gegen die Menschlichkeit und Menschenwürde ihrer Opfer handeln, darunter oftmals Kinder und Jugendliche.

Darüber hinaus agiert man mit dem Begriff Rassismus heute schon in einer Endlosschleife, da diese Zustände bereits in der Mitte des 19. Jahrhunderts und um 1900 in China beim Widerstand der Chinesen in den Opiumkriegen und beim Boxeraufstand herrschten. Dort wurden die Aufständischen mit „Fremdenfeindlichkeit" verhetzt, von denselben Gutmenschen angestiftet wie heute bei uns.

Heute sind es daneben auch der schon erwähnte **Rassismus** und ebenso **Populismus, Volksverhetzung, Verschwörungstheorie** und **-theoretiker** und der Vorwurf von fehlender **Empathie**. Damit will man jedoch nur, wie auch schon seinerzeit in China, die eigenen Verbrechen unkenntlich machen und vertuschen und so auch die Gutgläubigen und Ahnungslosen ordentlich verdummen.

In der Sache „Verschwörungstheorie" habe ich übrigens einen sehr guten Witz gelesen, der in unserer Gegenwart den Nagel auf den Kopf trifft: Stehen 2 Schweine im Stall, sagt das eine zum anderen: „Ich habe gehört, der Bauer futtert uns nur, um uns zu schlachten." - „Ach, du mit deinen Verschwörungstheorien!", so die Antwort.

Soweit es um die deutschen Tugenden geht, hat zudem Mozart im Film **Amadeus** aus dem Jahr 1984 – es ist einer der besten Filme, die ich kenne – in gleicher Weise von diesen hohen deutschen Tugenden gesprochen, von denen die Liebe die höchste ist.

Auch die Arie des Sarastro in Mozarts **Zauberflöte**, sie zeugt von diesen Tugenden, wenn es dort heißt, ich zitiere die 1. Strophe:

**In diesen heil´gen Hallen kennt man die Rache nicht. Und ist ein Mensch gefallen, führt Liebe ihn zur Pflicht. Dann wandelt er an Freundes Hand vergnügt und froh ins bess´re Land.**

Genau das ist deutsche Mentalität, wie ich sie auch hier in meiner 2-bändigen Schrift dokumentiert habe. Es ist eine Mentalität, die in krassem Gegensatz steht zu der Schweinephilosophie unserer heißen Gegenwart, in der der Gefallene und wehrlos am Boden Liegende dazu noch einen Fußtritt bekommt und mit dem gnadenlosen Akt einer Selbstschuld unschuldig gekreuzigt wird.

Jedoch – niemand in der Politik der Altparteien und bei der Journaille richtet sich gegen diese ungeheuerlichen Verbrechen. Allein ich habe es über viele Jahre hin mit viel Kraft und Herzblut gemacht und dabei die Wahrheit und Wirklichkeit unserer „Wertegemeinschaft" in meinen sehr umfangreichen inoffiziellen Schriften weltweit dokumentiert.

Mozarts Worte möchte ich aber ein wenig variieren:
**... Und ist ein Mensch gefallen, führt Liebe ihn zum Licht**, zum Licht vor Platos dunkler Höhle der Mächtigen, die die Menschen dort mit ihrem Schattenspiel an der Wand böswillig manipulieren, sie verdummen, desorientieren, über den Tisch ziehen und skrupellos ausbeuten. Indes ist nur draußen vor der Höhle, im Licht des Erkennens und der Erkenntnis, die Wahrheit zu finden.
Anmerken muss ich hier, dass Mozart zwar ein Freimaurer war, aber wohl aus Unkenntnis darüber, was und wer diese Logen dirigiert, sodass er selbst nur

instrumentalisiert wurde, um mit ihm Ruhm und Anerkennung für die Logen zu gewinnen.

Ich bin jedoch in meinen inoffiziellen Schriften sehr genau auf dieses Problem eingegangen, was ich hier jedoch vermeide. Nur so viel: Ich machte es etwa im Zusammenhang mit dem norwegischen Massenmörder Breivik.

Denn auch er ist unwiderlegbar ein Freimaurer (und wer was anderes sagt, lügt), ein Freimaurer, der 77 Menschen, darunter fast 70 Kinder und Jugendliche, brutalstmöglich ermordet hat, während er uns offiziell und mit ätzender Penetranz als „rechtsradikal" vorgestellt wird, siehe hierzu 2 Beispiele von vielen: **Christian Sievers** und **Barbara Hahlweg**, Nachrichtensprecher, die sich mit hirnloser Ignoranz über jede Wahrheit hinwegsetzen.

Dass Breivik tatsächlich Kontakte zur Rechten in Norwegen pflegte, war Programm und sollte den Blick bei der dann folgenden Anklage in die falsche Richtung lenken und den wahren Ursprung vertuschen.

Aber weiter zum Vorwurf des Rassismus in meiner Verteidigung der hohen deutschen Tugenden:
Auch der anerkannte Dichterfürst **Friedrich Schiller** hat es bereits gewusst: „Am deutschen Wesen wird die Welt genesen", so sehr das die schon vom Hass Zerfressenen auch verdammen und im Mülleimer der Geschichte entsorgen wollen … Tut mir leid, liebe Deutschenhasser, für eine sinnvolle Zukunft gibt es allerdings nicht die geringste Alternative zu diesen Tugenden – die Zukunft wäre wild!

Diese Deutschenhasser jedoch, **sie dürfen ungestört und ungestraft unter dem Deckmäntelchen der Satire und vor den Augen der Justiz, der Politik und der Medien ihren Hass im Land der Deutschen austoben!**

Gemeint sind aber nicht nur die **Redaktion der taz** und der Türke **Deniz Yücel**, sondern allgemein die geistig total überforderten Dumpfbacken, Schießbudenfiguren und Dreckschleudern bei der Journaille und in der Politik. Sie sind ausnahmslos so tief in ihrem Sumpf aus Hass und Hetze gegen alles Deutsche versunken, dass sie auch nicht mehr richtig unterscheiden können zwischen Gut und Böse, nicht mehr zwischen

**Schuld und Unschuld**

**Lüge und Wahrheit**

**Täter und Opfer**

**Bauernfängerei und Aufklärung**

**Unrechtsstaat und Rechtsstaat**

**Völkermord und Befreiung**

**Söldnern einer Terrororganisation
und Soldaten des Widerstandes**

**Rassismus und Widerstand gegen gedungene Söldner**

**Volksverhetzung und Hass einerseits
und Widerstand der Wissenden
und Unbeirrbaren andererseits**

Zum katastrophalen Missverhältnis zwischen einerseits unserem Rechtsstaat, also dem geschriebenen Recht, und der Gerechtigkeit andererseits gab es im November 2018 in den Sendeanstalten der ARD eine Themenwoche. Jedoch wurden auch dort mit nur wieder heuchlerischer Ignoranz die **Symptome** unseres Unrechtsstaates thematisiert, an keiner Stelle aber die **Ursache** für herrschendes Unrecht. Diese Ursache ist allein der verdeckt agierende heiße Kern unserer gründlich kaputten Gesellschaft.

So sind der Deutschenhasser tägliche Hasstiraden längst zu einem unkontrollierten Amoklauf geworden, wenn auch zumeist sanft und schleimig vorgetragen.
Der Grund: Es gibt, völlig unerwartet, doch sehr viele Menschen, die von den Gutmenschen zwar umerzogen wurden, jetzt aber wieder wachgerüttelt werden, weil sie zu sehen bekommen, was hier trotz aller gegenteiligen offiziellen Meldungen um uns herum wirklich geschieht.

Sie sehen, dass unseren „Eliten" und „Auserwählten" auch nichts anderes im Sinn steht als der Volkstod der Deutschen, ein Volkstod „von seiner schönsten Seite". Indes maßen sie sich aber an, das Volk zu vertreten und es belehren zu müssen, was gut ist und was böse.

Auf diese Spezies trifft das zu, was ich auch über die Größenwahnsinnigen im Silicon Valley gesagt habe.
Denn unsere „Elite-Journalisten" und solche Politiker, auch sie haben vom Sinn in Sein und Zeit nicht die geringste Ahnung, spucken jedoch mit dem falschen Wort mehr oder weniger jovial und leutselig Gift und Galle. Das aber nur, weil sie ihre „Auserwähltheit" als Elite und

ihre fetten Pfründe im Selbstbedienungsladen der Politik in Gefahr sehen.

Und folglich auch die Wahrheit: Sie haben sich unüberbrückbar weit vom Volk entfernt, von dem, was das Volk in aller Natürlichkeit wirklich denkt und fühlt, meinen hingegen in auch aller Niedertracht, sie müssten das Volk erst nach ihrem eigenen Gusto erzogen haben, bevor wir eine Demokratie hätten, die Herrschaft des Volkes.

Sonst sei es eben Populismus, Rassismus, menschenfeindlich, mitleidlos und fremdenfeindlich und was sonst noch in dieser Endlosschleife aus Hasstiraden und Volksverhetzung zu nennen ist. Aber jedem Wissenden und solchen, die ihren Verstand noch beisammen haben, wird schwindlig, sooft sie in diesen tiefen Abgrund aus menschlichem Totalversagen schauen müssen.

Daher auch mögen sich die Deutschenhasser mitsamt ihren schleimigen Tiraden und den abgehobenen Protagonisten und Einflüsterern, das sind die Retro-Rassisten und selbst ernannten Auserwählten, getrost zur Hölle scheren. Dort ist der richtige Platz für sie.

Denn der Teufel wird ihnen begeistert applaudieren und auch richtig einheizen – ein Tod dieser Spezies von Fehlgeburten, der als ein Volkstod „von seiner schönsten Seite" zu bewerten ist, aber ebenso nur als Versuch und Irrtum im Wirkkreis der Urkraft. Und auch erst dann sind wir Deutschen und alle Völker der Erde wieder frei und spüren über alle Grenzen hinweg erneut **Beethovens Freude, den schönen Götterfunken.**

## DAS BEWUSSTSEIN IM LICHT DES EROS

Das Tier hatte noch nie ein wirkliches Bewusstsein im Vergleich zum Menschen. Grund ist der dort fehlende Eros. Wenn überhaupt, sind bestenfalls Ansätze über die rein sexuelle Kraft zu finden.
Dem Menschen und leider seinem aber doch noch eingeschränkten Bewusstsein steht sehr auffällig seine genetische Folge im Rahmen sinnvoller Evolution gegenüber: die Gottheit oder das Panthron, das geprägt ist von einem starken Eros, aus dessen Licht auch erst das alles überragende Bewusstsein erwächst.

In dieser Sequenz kommt darüber hinaus die eigentliche Bedeutung der Liebe und ihrer Genesis hervor, wenn man weiß, dass neben den anderen 3 bekannten Naturkräften nur in der Liebe auch die sexuell-erotische Kraft ist (mit der Betonung auf **erotisch**), und wenn man weiß, dass die anderen 3 Kräfte durch diese eine Kraft, die SE-Kraft, erst ihre ganz außergewöhnliche Stärke bekommen und mit ihr, der Liebe, erst das Licht wird, das tief in die Dunkelheit von Sein und Zeit dringt.

Und in diesem Licht erfahren wir auch die Wahrheit, die Wahrheit im hellen Licht von bewusstem Sein. Es ist so denn allein die Liebe, die uns dieses Licht gibt, ein ganz anderes, ein helles Bewusstsein – im Gegensatz zur Finsternis dort, wo dunkle Triebe unser Leben bestimmen.

So spricht denn auch Plato, ein Denker, von dem Licht, das erst vor der dunklen Höhle ist, einer Höhle der Lüge, der Irritation, der Manipulation, der Fälschung und Täuschung, der Verdummung und Desinformation.

Nicht von ungefähr hat im Gegensatz dazu der Pseudophilosoph **K. Popper** Platos politische Ansicht als „totalitär" bezeichnet und vertrat statt dessen die offene Gesellschaft und Demokratie, wie wir sie heute haben und die eben genau das ist, was Plato, der Denker, wiederum als dunkle Höhle mit ihren fatalen Eigenschaften richtig erkannt hatte.

Und was Popper sich sonst noch mit viel Fantasie zusammengesponnen hatte, „spoppet" jeder Beschreibung. Er hatte z.B. alle Beweisführung grundlos gemacht. Konkret heißt das: Eine Annahme, eine These, die man in die Welt setzt, braucht keinen Grund, muss nicht begründet werden. Statt dessen gab er der grenzenlosen Fantasie dunkler Triebe den Vorrang, wie wir es heute nur zu gut erkennbar in unserer „Wertegemeinschaft" bitter zu spüren bekommen und womit er, Popper, nachweislich denselben Intelligenzdefekt hatte wie Einstein mit seinem totalen Unvermögen.

Dass er in England dennoch als „Sir" Karl Popper geadelt wurde, braucht niemanden zu wundern, denn auch Einstein wird bei uns immer noch als „Superstar" gehandelt. Und **George Soros**, des Menschen Feind, wie er schlimmer nicht sein könnte, der auch alles dafür tut, um die Invasion von Abermillionen Pseudoflüchtlingen aus Afrika zu forcieren, mitsamt den mörderischen Folgen bis zum Volkstod nicht nur für uns Deutsche ..., dieser Auserwählte nennt sich selbst „Menschenfreund".

Und wer seine mörderischen Geschäfte erfolgreich in der Hölle der kapitalen Unterwelt betreibt, siehe beispielhaft **Warren Buffet**, wird als „Investor-Legende" geadelt, eine Legende, die jeder Menschlichkeit den Garaus macht, indem sie auch noch damit prahlt, dass die Reichen immer über die Armen siegen werden.

Man könnte ja fortwährend über solche Sirs, Superstars, Menschenfreunde und Investor-Legenden herzlich lachen, wenn in dieser, von ihnen geschaffenen aberwitzigen und absurden Welt nicht die unendlich vielen Opfer zu beklagen wären, Opfer, die unbeachtet von den Medien, der Politik und der Justiz ersticken und verbrennen.

Das sind nach meiner in den inoffiziellen Schriften gemachten Hochrechnung Tag für Tag einige Tausend Menschenopfer weltweit, so viele wie in einem Weltkrieg.

Dass die bürgerliche Oberwelt davon jedoch nichts erfährt, ist damit begründet, dass die Todesursachen immer nur bei den Symptomen enden: Herzinfarkt, Herzinsuffizienz, Kreislaufzusammenbruch, Embolie, Hirnschlag, Krebs, Stress und was da auch immer als Deckmäntelchen des Vertuschens zu nennen ist – ganz im Sinne von Popper, wonach eine Behauptung, ein Sachverhalt keine wirkliche Begründung braucht – Schwachsinn pur.

Das hierfür typische Beispiel konnte ich zufällig auf **RTL online** finden. Es war ein Artikel vom 25.08.2018 mit der Überschrift: **Erschreckende Statistik: Zahl der Herz-Kreislauf-Erkrankungen steigt.**

Die häufigsten Erkrankungen sind demnach: **Bluthochdruck, Herzmuskelentzündungen und Herzrhythmusstörungen und beim Letzteren noch das Vorhofflimmern.** Das Max-Planck-Institut nennt des Weiteren noch den **Stress.**

Und als Grund dafür sagt man – jetzt kommt's!: Die Menschen werden immer älter. – Hahaha! Auch relativ junge Menschen erkranken und sterben heute manchmal an den genannten Krankheiten. Man könnte somit über diese Art der Verdummung und Vertuschung von wirklichen Gründen eigentlich immer nur lachen.

Denn es werden stets allein die Symptome der tieferen Ursachen als Grund herangezogen. Indes sind dahinter jedoch die größten Verbrechen an der Menschheit erkennbar. In diesem konkreten Fall ist es das Verbrechen mit dem gewollten Volkstod der Deutschen „von seiner schönsten Seite".

Als Beweis für die signifikant höhere Sterberate bei uns ab 2015, also ab dem Jahr der unkontrollierten Invasion von Pseudoflüchtlingen, die einem tödlichen Tsunami gleicht und nicht nur aus Schwarzafrika herübergeschwappt ist, führe ich eine Statistik der Todesfälle in Deutschland als Grundlage an. Hierzu siehe das Folgekapitel: **Statistik des Todes unter Merkels Willkommen-Kultur.**

----------

Entscheidend anders als die dunklen Triebe und Fantasien dieser Auserwählten und somit der Legenden, Menschenfreunde, Superstars, Sirs und auch der Polit-Ikonen ist hingegen das helle Bewusstsein, das dem Eros entspringt.

Und auch entscheidend anders ist dies helle Bewusstsein als die „Bewusstseinserweiterung" des Kiffers, womit Dealer und Süchtige in Poppers offener Gesellschaft prahlen. Denn deren Bewusstsein ist nur der Vorgarten zur Hölle, in dem sich der Süchtige lediglich in einer Scheinwelt der Irrlichter über dem Sumpf menschlicher Unzulänglichkeiten verliert und abhängig wird, nicht mehr fähig und auch nicht willens, die Realität noch zu begreifen.

So unterscheidet sich des Kiffers Bewusstsein von dem Bewusstsein im hellen Licht des Eros wie auch die Dunkelheit vom Licht. Denn dem Kiffer fehlt, zu Platos Höhlenbewohner degeneriert, in gleicher Weise dieses Licht, sodass er auch nicht die Wahrheit erfahren, vielmehr zum Gefangenen seiner Süchte, des Abartigen und Abstrusen der dunklen Triebe und dumpfer Orientierungslosigkeit wird, dort, wo der Eros erstickt, keine Luft hat zu atmen.

Im mikrosozialen Umfeld zwischen Mann und Frau, wo auch die Sexualität eine Rolle spielt, wird das Licht des Eros, das Bewusstsein dieser anderen Qualität, allerdings immer wieder als rosarote Brille abgetan, obgleich es die realen Gefühle für das erotische Kraftfeld sind, das wir weder sehen noch hören und auch nicht schmecken oder riechen können. Und nur die Betroffenen können es fühlen – **und in der Tat sogar sehen!**

Jedoch ist die Spöttelei auch verständlich, solange diese Liebe noch unvollendet ist, zerbrechlich und anfällig, weil sie der Realität in der Unvollendung nicht gewachsen und scheinbar selbst nicht wirklich ist in ihrer schnellen Vergänglichkeit, nur eine Fata Morgana, auch als Illusion verspottet und verschmäht.

Der Philosoph Arthur Schopenhauer hatte sogar gemeint, Liebe sei eine Geisteskrankheit. Könnte sie tatsächlich sein, wenn man die Tücken, das Unberechenbare in der Liebe kennt und dazu noch ihre mörderische Metamorphose (Wandlung).

Ich bin sicher, dass Schopenhauer sich aber korrigieren würde, könnte er meine Schriften mit den Analysen und Interpretationen über die Liebe lesen. Denn erst die Vollendung von Liebe in der Fusion von Zeit vermag hier auch die nur zu sehr gewünschte Beständigkeit, Stärke und Unbeirrbarkeit zu festigen – das Einswerden mit der geliebten Frau, dem geliebten Mann.

## STATISTIK DES TODES UNTER MERKELS WILLKOMMEN-POLITIK

Quelle für die nachfolgende Statistik ist das **Statistische Bundesamt DESTATIS**.

| 3-Jahres-Block | Todesfälle | Durchschnitt pro Jahr |
|---|---|---|
| 2000 bis 2002 | 2.509.024 | 833.854 |
| 2003 bis 2005 | 2.502.444 | |
| 2006 bis 2008 | 2.493.221 | |
| 2009 bis 2011 | 2.565.640 | 866.234 |
| 2012 bis 2014 | 2.631.763 | |
| 2015 bis 2017 | 2.768.640 | 922.880 |

Demnach starben hier 2015 bis 2017, in den 3 maßgebenden Jahren, **2.768.640** Menschen (**922.880** im Jahresschnitt).

Wenn man nun zum Vergleich die vorausgegangenen Dreierblöcke heranzieht, muss man berücksichtigen, dass im Block 2009 bis 2011 wie auch in 2012 bis 2014 die andere Todeswelle hinzukam, die aus der kapitalen Hölle mit der so genannten „Finanzkrise".

Dort waren es **5.197.403**, also **2.598.702** im Schnitt je Block (**866.234** im Jahresschnitt).
Der Unterschied zwischen Block 2015 bis 2017 und dem Schnitt der beiden Blöcke zuvor, wie folgt:
**2.768.640 - 2.598.702 = 169.938 !!!**

Klammert man nun aber die auch tödliche „Finanzkrise" aus, so wird der Unterschied noch deutlicher:
In den 3 Blöcken 2000 bis 2008 gab es **7.504.689** Todesfälle, im Schnitt pro Block **2.501.563**.
Der Vergleich mit der hier entscheidenden Todeswelle im Zuge der Invasion bei Merkels Willkommen-Kultur im Block 2015 bis 2017 ist wie folgt:
**2.768.640-2.501.563=267.077.**

Berücksichtigt man dazu noch die langen Schatten der tödlichen Invasion für das Jahr 2018, so sind das hierzu hochgerechnet und gerundet ca. 90.000 Todesfälle, sodass das Ergebnis Ende des Jahres 2018 bei etwa **357.000 !!! vorsätzlichen Mordfällen** liegt, vorsätzlich, weil so auch gewollt, liebe Merkel, denn anders sind die bizarren Exzesse in den Sprechblasen Ihrer Unkultur nicht zu deuten.

Eventuelle Änderungen der Todesfälle in der Statistik durch die gestiegene Einwohnerzahl im Zuge der Invasion kann man völlig vergessen. Denn es sind vor allem junge und gesunde Männer, die zudem vorrangig mit der Kümmernis von Politik und Medien behandelt werden und die von DESTATIS auch „Schutzsuchende" genannt werden. Welch abstruser Widersinn, wenn man Wahrheit und Wirklichkeit hinter solchem Wort erkennt! Denn damit wird der wahre Grund auch nur wieder verschleiert und unkenntlich gemacht, der Grund, die Absicht vom Volkstod der Deutschen „von seiner schönsten Seite".

Diese Invasoren, ich nenne sie auch Söldner der „Menschenfreunde" und „Investor-Legenden", sie erhalten eine exzellente Unterstützung mit gewaltigen Kosten, wovon jedoch Obdachlose und sonstige Notleidende der indigenen Bevölkerung nicht mal träumen dürfen, denn die sind notorisch „selbst schuld" an ihrem Schicksal.

Die Zahlen der angeführten Statistik beweisen wie nichts sonst, dass die Deutschen sichtbar ersetzt werden sollen durch andere Nationen, mit eben der Folge vom Volkstod der Deutschen „von seiner schönsten Seite", womit die Deutschenhasser ungeniert und ungestraft prahlen dürfen. Und dabei stehen Sie, liebe Merkel, an vorderster Front als Erfüllungsgehilfin der Gutmenschen, also der Sirs, der Menschenfreunde, der Superstars, der Legenden und Ikonen.

Es sind Todesfälle von riesigem Ausmaß, wo mit ätzender Penetranz offizielle Statistiken allein die **Symptome als Ursache** nennen. Zu den bereits genannten gehören auch noch andere, etwa gravierende **Schlafstörungen**, woran bereits jeder 4. Deutsche leidet, also 20 Millionen.

Und in nicht wenigen Fällen führen diese auch zum Tode, während sie jedoch nie die tiefer liegende Ursache sind; denn das ist allein **Merkels schwerst kriminelle Will-**

**kommen-Kultur**, über die man sich einfach hinweg mogelt.

Vergleicht man nun auch noch die Zahl mit der von den Todesfällen im Bürgerkrieg in Syrien, wo (geschätzt) bis einschließlich 2018, also innerhalb von 8 Jahren, etwa 500 Tausend Opfer zu beklagen sind, besonders dann stehen Sie, liebe Merkel, verdammt schlecht da und müssten daher nicht nur eines einfachen Verbrechens angeklagt und verurteilt werden, sondern wegen Hochverrats und Kriegsverbrechens mit dem inhärenten Volksmord an den Deutschen „von seiner schönsten Seite".

Konkret: Den **357 Tausend Toten der deutschen Bevölkerung** im Verlauf von 4 Jahren Ihrer Willkommen-Kultur stehen **250 Tausend Todesopfer** im syrischen Bürgerkrieg gegenüber.. Das sind **42,8 Prozent mehr Tote** in Ihrem Wirkkreis, liebe Merkel **!!!**

Und wenn man dieser nicht widerlegbaren Gegebenheit gerecht würde, kämen Sie vor ein Kriegsgericht und würden wegen der bereits genannten Anklagepunkte (Hochverrat, Kriegsverbrechen und Volksmord) im Schnellverfahren abgeurteilt, mit auch der sofortigen Vollstreckung des Urteils.

Sie meinen, zum Glück gebe es das heute nicht mehr? FALSCH! Das ist die falsche Schlussfolgerung, liebe Merkel. Vielmehr muss es heißen: Zum Unglück gibt es das heute nicht mehr, zum Unglück der vielen 100 Tausend Opfer und im Angesicht des endlosen Leidens und Sterbens dieser vielen unschuldigen Menschen, deren grausames Schicksal Sie jedoch mit zu verantworten haben. Hierzu gibt es auch das von mir in Band 1 bereits genannte Schlagwort: Mitgegangen, mitgefangen, mitgehangen.

Denn wir Deutschen kämpfen unter diesen mörderischen Bedingungen nur noch um unser Überleben, während Sie von „Humanität" sprechen – welch grotesker Widersinn! Und welche Anmaßung!, wenn Sie auch vom „Denken" sprechen: Sprache sei Ausdruck vom Denken, so etwa Ihre totale Selbstüberschätzung.

Oder wann waren Sie denn schon mal des eigenmächtigen Denkens fähig, liebe Merkel? Ich kenne von Ihnen keinen einzigen Satz, keine einzige Handlung, bei der Sie das bewiesen hätten.
Oder meinen Sie etwa, es sei ein Akt des Denkens, wenn man abgelesene Formeln und Gleichungen wiedergibt oder auch für eine Doktorarbeit niederschreibt, indem man nur ein paar gekonnte Schlenker bei der Wortwahl macht?

Oder meinen Sie vielleicht, es sei ein Akt des Denkens, wenn man genau das macht und sagt, was einem die Auserwählten und Gutmenschen im verborgenen Hintergrund diskret ins Ohr flüstern?

Naja, liebe Merkel, Sie hatten schon andere Vorgänger in der Politik, unter denen eine fatale Dämmerung über Deutschland lag. Unter Ihnen hat sich das nur noch potenziert, sodass jetzt finsterste Nacht herrscht, ohne jegliche wärmende Strahlen der Sonne.

Das ist unzweideutig an den 357 Tausend Toten abzulesen, die Ihre Willkommen-Politik schon bei den Deutschen, ob jung oder alt, gefordert hat und in 2018 noch fordern. Indes werden die langen Schatten Ihrer Verbrechenskultur in den Folgejahren noch weitere niederschmetternde Ergebnisse hervorbringen.

Bei diesen unwiderlegbaren Fakten sehe ich ganz von der kapitalen Hölle ab, in der jeden Tag ebenfalls sehr viele Menschen ersticken und verbrennen, während diese Opfer – wer mag sich da noch wundern? – von Ihnen aber in gleicher Weise völlig ignoriert und sogar abgeschoben werden in die Selbstschuld, eine für die Opfer verhängnisvolle Schuld biblischen Ursprungs.

Auch hierzu gab es am 23.09.2018 ein bemerkenswertes Dokudrama auf **Das Erste** mit dem Titel: **Lehman, Gier frisst Herz**. Besonders bemerkenswert ist dies Drama, weil man offensichtlich meine Sprache übernommen hat. Denn in den inoffiziellen Schriften hatte ich den Tätern am Kapitalmarkt das gleiche Zeugnis ausgestellt, mit etwa den Worten:
**In ihrer unendlichen Gier nach Macht und Money haben sie ihre eigene Seele aufgefressen, sodass sie nicht mehr fähig sind zu erkennen, welch unendliches Leiden und Sterben sie mit ihren böswilligen Manipulationen und arglistigen Täuschungen bei allen Völkern der Welt verursachen.**

Mit Blick auf die genannte Doku ist allerdings auch bemerkenswert, dass man in den Medien zwar immer wieder mal Worte findet, die in Gänze Wahrheit und Wirklichkeit entsprechen. Nur ist man nicht fähig, die richtige Konsequenz daraus zu ziehen und den Tätern das Handwerk zu legen – erschütternd, weil somit Abermillionen unschuldige Menschen in ihrer Hilf- und Schutzlosigkeit ersticken und verbrennen!

**Beachten Sie!** Wegen der soeben gemachten schwerwiegenden Anklage gegen die mächtigen Macher unserer „Wertegemeinschaft" wiederhole ich hier einen Absatz, den ich aus entsprechendem Anlass bereits in Band 1 niedergeschrieben habe, dort Seite 177 und wie folgt:

**Ich weise an dieser Stelle ausdrücklich darauf hin**, dass ich in meinen umfangreichen inoffiziellen Schriften einen sehr harten Frontalangriff gegen diese Täter geführt und wobei ich, den Umständen entsprechend, noch wesentlich deutlicher die Eigenschaften und Ziele dieser „Auserwählten" und „Menschenfreunde" vorgestellt hatte. **Dennoch erhielt ich nach einer Selbstanzeige vom 15.09.2012 (u.a. wegen Volksverhetzung) am 16. August 2013 den Bescheid der Einstellung des Verfahrens gemäß § 170 Abs. 2 StPO. Und das wiederum entspricht einem „kleinen Freispruch", nachzulesen im Internet.**

## DAS ANSCHMIEGEN
## UND DIE VERSCHMELZUNG IN DER LIEBE

Zurück zum Thema Liebe:
Auch Mozart hatte es als junger Mann nicht ertragen, dass Liebe in der Hölle der Zweifel leiden muss, zumal er nicht den finalen Prozess im Kritischen Punkt der Genesis von Liebe kannte und also auch keine echte Lösung für dieses Problem fand.

Er schickte, siehe **Die Zauberflöte**, der verzweifelten Pamina einen **Deus ex Machina** in der Gestalt von 3 Knaben, die den schweren Konflikt im Nichtsehen und Nichtsprechen mit Tamino beendeten – keine wirkliche Lösung dieser Herausforderung in der Liebe. Daher müssen wir wohl, so wir die Rolle des Führenden in der Liebe haben, auch erst das richtige Alter haben.

Andererseits – Sturm und Drang steht der Jugend gut und steht ihr auch zu. Dem aber muss die notwendige Gelassenheit des Alters und somit der Weisheit und Reife weichen, damit die Liebe trotz aller Unbill nicht verloren geht.

Mozart wollte jedoch nie erwachsen werden und mochte die Liebenden weder leiden noch scheitern sehen und hat daher dies Problem mit den 3 Knaben gelöst, dem Deus ex Machina antiker Dichtkunst, womit das eigentlich Unbegründete dennoch einen plausiblen Grund für den weiterführenden Verlauf des Geschehens erfährt.

Dieser Deus ex Machina kann zwar die Hitze und den Druck nehmen, aber er macht eine Fusion, die Verschmelzung, nicht möglich. Was bleibt, ist nur die Adhäsion, das Anschmiegen in der Liebe, die so vielleicht ein Leben lang halten kann und dennoch sterblich ist.
(Wenn allerdings in einer Sendung des Fernsehens von „ewiger Liebe" gesprochen wird, sooft sie ein [menschliches] Leben lang hält, ist das natürlich dürftig – so aber geschehen am 27.11.17 auf **ZDF-Info** in der Reihe **Leschs Kosmos**.)

Auch der französische Schriftsteller Stendhal (sein bürgerlicher Name: Henri Beyle, ein Franzose; er lebte fast zur selben Zeit wie Mozart) hat in seinen Aphorismen über die Liebe nichts anderes gesagt als das zuvor Beschriebene, wenn er von dem „schauerlichen Abgrund" sprach, vor den der zu gehen bereit sein muss, der die Liebe erfahren will. Und ich benenne es etwa gleichbedeutend mit Loslassen und Abstandhalten, mit dem **richtigen** Loslassen und **richtigen** Abstandhalten.

Das ist jedoch nicht einfach, vielmehr sehr schwer, denn einerseits stehe ich mir hierbei selbst im Wege und andererseits können bereits fatale und schier unüberwindliche Abhängigkeiten entstanden sein. Der Grund: Zu spät erkennt das Opfer, dass es in diese Abhängigkeit geraten ist, in der überlebenswichtige Verstrickungen entstanden sind, die ein Abstandnehmen scheinbar nicht mehr möglich machen.

Das frühe Erkennen dann, wenn die Kraft noch da ist und auch diese Verstrickungen noch nicht entstanden sind, ist hier das Maß der Dinge, um die Liebe nicht im Orkus des

Unverstandenen und Unüberwindlichen ersticken zu lassen.

Denn es ist in diesem Prozess zu beachten, dass das Loslassen und Abstandhalten bereits die Reflexion auf eine vorausgegangene Provokation ist, sodass wir auch eine Umkehr des Geschehens haben, wo der Verlassende zum Verlassenen wird und in der Folge sich vor ihm selbst, vor dem zuvor Verlassenden, Abgründe auftun, die bei ihm wiederum zu Überreaktionen an sich selbst oder zu Wutausbrüchen mit psychischer und/oder körperlicher Gewalt am Anderen führen können, indem die Liebe unkontrolliert explodiert.

Es ist letztlich eine für beide Seiten scheinbar nicht zu bewältigende Provokation im Walten der Urkraft, ein Prozess im Miteinander, dessen Lösung zur Hohekunst der Liebe gehört.

Wenn ich zuvor auch vom Druck und von der Hitze in diesem Prozess gesprochen habe, meine ich nicht den **Romeo-und-Julia-Effekt** und auch nicht die **Katastrophenliebe der Titanic** mit ihren von außen kommenden, den exogenen Einflüssen.

Aber ich meine auch nicht das Spektakel, wenn im allerletzten Moment, z.B. vor dem „Ja" des Bräutigams oder der Braut, der/die eigentlich Geliebte nach einem Wettrennen gegen die *Zeit erscheint, um nun der Liebe doch noch die gewünschte Wendung zu geben, wobei die Liebenden aufeinander zu rennen und dieser süße Kitsch den Betrachter dann in einem Meer aus Freuden und Tränen sich auflösen lässt.

Allerdings – das Schlimmste und Absurdeste, was ich je über die Liebe gelesen habe, ist Erich Fromms Machwerk **Die Kunst des Liebens.** Übel wurde mir beim Lesen; denn jeder Dreigroschen-Liebesroman ist ehrlicher und weniger schlimm, während jedoch die offizielle Kritik über sein Elaborat, bereits 1956 erstmals erschienen, von einem „Literaturklassiker" spricht, so geschehen auch noch in 2005.

Ich kenne hingegen keine andere Schrift über die Liebe, die derart dilettantisch wäre; denn in dieser frommen Schwarte brachte Fromm es tatsächlich fertig, uns ein grauenvolles Gemenge aus falschen Gefühlen vorzusetzen, indem er z.B. auf die Liebe auch zum Kapital verwies – eine Vergewaltigung der Liebe, wie sie wahrhaftig nicht schlimmer sein kann. Und ohnehin hatte Fromm die Liebe nicht mal im Ansatz verstanden.

Denn er hatte z.B. empfohlen, sich immer tiefer in die Liebe hineinzubohren, immer mehr und immer tiefer, um sie zu begreifen – das Schlimmste jedoch, was man in der Liebe machen kann! Und so war das wohl auch die Geburtsstunde für das Stalken, die schreckliche Entartung von Liebe, wo der Besessene nicht mehr imstande ist zu verstehen, was der Andere denkt und fühlt.

So es nun auch um die Katastrophenliebe der Titanic und den Romeo-und-Julia-Effekt geht, spreche ich aber im Gegensatz dazu allein von dem endogenen Prozess in der Liebe mit der inneren Zwanghaftigkeit als Folge des verstehenden Handelns, dort, wo auch erst die Fusion, die Verschmelzung, in der Genesis von Liebe möglich ist.

Der exogene, der äußere, der von außerhalb der Liebe kommende Druck, wie in den beiden genannten Dramen, verstärkt allein die Adhäsion, das hier beidseitige Anklammern in der Not und das Anschmiegen in der Liebe, die so aber sterblich bleibt und nicht den Weg einer Vollendung mit der Unsterblichkeit findet, auch wenn sie wieder viele Augen und Taschentücher feucht macht.

Man mag sich nun diese Beispiele mit der Frage vor Augen halten: Was wäre mit den Liebenden passiert, wären die Eltern nicht verfeindet gewesen und wäre die Titanic nicht untergegangen?
Natürlich wären auch diese Lieben in den ordinären Herausforderungen des Alltags ebenso erloschen wie jede andere Liebe auch, sodass ihnen nur die falschen Gefühle anhaften mit dem falschen Nimbus der Unsterblichkeit.

Somit ist nur das richtige Handeln entscheidend für die Genesis der Liebe mit ihrer Vollendung als Ergebnis eines sinnvollen Fortgangs, den ich jedoch nur mit der Intelligenz der Gefühle auch erfühlen kann.

An dieser Stelle gehe ich auch nochmals auf den entscheidenden Unterschied zwischen emotionaler Intelligenz und der Intelligenz der Gefühle ein, wo das eine der Vorläufer des anderen ist. Denn es geht hierbei in der Tat um unsere Gefühle und nicht mehr nur um Fakten und die formale Intelligenz.

Während somit die emotionale Intelligenz Gefühle diffus ausbrechen lässt, man spricht auch von „Bauchgefühlen", vermag im Gegensatz dazu die Intelligenz der Gefühle zu differenzieren, was nichts anderes bedeutet, als dass sie auch die tief liegenden und verborgenen Ursachen für bestehende Fakten sehr genau zu erkennen vermag, um dann richtig zu entscheiden, ob eine bestehende Tatsache gut ist oder böse.

Mit der Differenzierung fühle ich so denn auch nicht mehr diffus und unbestimmt, sondern **erfühle** sehr genau, worum es bei den Fakten geht, ob sie schlecht und gar böse sind oder gut.

Daher sind keineswegs die bloßen Fakten, mit denen man heutzutage hausieren geht, entscheidend, sondern das, was hinter den Fakten steht, die Beantwortung der Frage nach dem **Warum**, warum es diese Fakten gibt, denn diese sind immer nur die Symptome von mehr oder weniger verborgenen Ursachen. Und das steht so auch im krassen Gegensatz zur verqueren Logik und Scharlatanerei des zuvor genannten Pseudophilosophen Popper.

Im Zusammenhang mit den emotionalen Wallungen ist auch eine weitere Behauptung aus der bereits angesprochenen Sendung mit **Harald Lesch** im **ZDF** (**Leschs Kosmos**) interessant. worin es u.a. um Liebe ging. Denn man verstieg sich darin, dass es die Liebe angeblich schon seit 2 Millionen Jahren gebe! FALSCH! Denn das war nur die von mir erkannte **emotionale Intelligenz**, wie wir sie auch bereits beim Tier kennen.

Die Intelligenz der Gefühle ist zwar eine Folgeerscheinung der emotionalen Intelligenz, während Letztere aber sonst nichts mit dieser alles überragenden Intelligenz der Gefühle, und so auch nichts mit Liebe zu tun hat. Denn diese war erst vor ca. 5000 Jahren dem Menschen gegeben. Und sie vermag auch – sehr wichtig! – zwischen Gut und Böse zu unterscheiden.

Einen vergleichbaren Irrtum gab es auch schon in der Sendereihe **Terra X** mit dem Moderator **Dirk Steffens**, der sich an der Liebe vergeblich versuchte, siehe meine Hinweise hierzu im Band 1 unter dem Titel **Was ist der Mensch und was die Gottheit** und dort Seite 121 f.

Ich empfehle daher mal den Redaktionen des ZDF, etwas besser zu recherchieren, zumal auch dort meine inoffiziellen Schriften vorliegen. (Will man aber offenbar nicht anerkennen, oder was auch immer sonst der Grund sein mag, wenn man sich einfach darüber weg mogelt.)

Nochmals und abschließend zur Fusion von Zeit:
Das Einswerden in der Vollendung der Liebe, wovon ich zuvor sprach, bedeutet jedoch keineswegs eine Selbstaufgabe etwa in der Unterwerfung oder mit dem Eingehen von Kompromissen – im Gegenteil: Es ist das wandelnde Durchdringen, sodass die Gefühle von Mann und Frau eins werden, stark und unbesiegbar.

Es gibt nicht mehr den geringsten verzehrenden Widerspruch in dem, was die Liebenden fühlen, womit diese Gefühle auch unzerstörbar werden. Die Vollendung der Liebe mit der Fusion von Zeit ist daher allein ein Gewinn für beide Einzelwesen, der größtmögliche Gewinn: die Gottheit.

Wer in der Liebe ist, weiß, was es bedeutet, wenn ich vom Einswerden, von der Verschmelzung spreche, von der tiefen Sehnsucht nach einer völligen und unzerstörbaren Einheit im Denken, Fühlen, Sprechen und Handeln. So herrscht aber auch nicht mehr die geringste Disharmonie in der Sexualität. Und in keinem Moment ist die Gefahr gegeben, dass der eine liebt und der andere nicht, sobald sich einer der Liebenden (bedingungslos) öffnet.

In der unvollendeten Liebe wird das „Sich-öffnen" im Kritischen Feld hingegen sehr schnell zu einer Unterwerfung und einem Ausgeliefertsein. Hier spricht man auch von der sexuellen Hörigkeit. Diese Gefahr ist in der vollendeten Liebe in Gänze ausgeschlossen, weil sich der Andere in gleicher Weise öffnet, beständig und unzerstörbar – der gravierende Unterschied zwischen einer Fusion und Adhäsion, denn Letzteres bleibt sehr verletzlich und daher sterblich.

Das alles mag für den Unwissenden und den, der nicht in der Liebe ist, banal und bedeutungslos klingen. **Ist es aber nicht!** Denn erst dieses Einswerden mit der Fusion in der Vollendung von Liebe ist auch das ewige Feuer der Liebe – unangreifbar und unzerstörbar.

Es schafft in seiner Folge – entscheidend! – eine alles überragende Dynamik und setzt extreme Kräfte frei, Kräfte, die zuvor nie von einem Menschen ausgegangen sind oder von irgendeinem anderen Wesen, das unsere Erde hervorgebracht hat – Dynamik und Kräfte, die allein dem Guten dienen und so auch von außergewöhnlicher Harmonie sind.

Hier weise ich wieder auf den analogen Prozess im Kernreaktor Sonne hin, wo erst die Fusion von Materie das ewige Feuer möglich macht. Und genau das gehört zum Wesen der Gottheit. Denn die genetische Folge des Menschen bekommt so auch erst das besondere Bewusstsein und Selbstbewusstsein, geboren allein aus dem Eros.

Insgesamt sind es Eigenschaften, die in ihrer Summe das zuvor nie gekannte und unvergleichliche Charisma dieser Gottheit ausmachen. In ihrem ewigen Feuer ist sie das große Licht, das auch die dunkelsten Ecken und Winkel in Sein und Zeit auszuleuchten und so dem Menschen und der Natur zu helfen, sie zu schützen, zu bewahren und sinnvoll zu führen vermag.

## DIE URKRAFT IN DER LIEBE – DAS TEUFELCHEN

Wenn man mir vorwirft, dass es eigentlich gegen meine Theorien spreche, wenn ich selbst diese Liebe aber noch nicht vollendet habe, nicht fähig war, meine angeblich guten Erkenntnisse auch umzusetzen, hier meine Antwort:

Zum Kritischen Feld von Liebe (siehe hierzu ein Folgekapitel) gehört auch das Teufelchen, das auf seine spezifische Weise alles Geschehen durchkreuzt. Daher kann das korrigierende Handeln, meine subtile Reaktion auf das durch die Erkenntnis erwartete Unerwartete, nur interpolierend sein, weil der Weg aus der Unterwelt, aus der Hölle der Zweifel, der Verzweiflung, der Ungeduld und des Leidens, siehe Orpheus und Eurydike, keineswegs damit beendet ist, dass ich 1 Mal richtig reagiere.

Vielmehr gibt es hier eine fatale Wechselwirkung, bei der der Herausgeforderte seinerseits reagiert und provoziert, was es dann ebenso zu meistern gilt. Denn überall lauert das Teufelchen, das boshafte Teufelchen der Irritation, der Verlockung, des Leichtsinns und des Übermuts, siehe auch Homers Odyssee. Dieses Teufelchen aber – es ist die Urkraft!

- **Es** hat 1000 Gesichter und grinst mich aus allen Ritzen und Fugen höhnisch an –

- **Es** schaut hinter jeder Falte des Geschehens hervor und lacht mich aus –

- **Es** berauscht und ernüchtert mich –

- **Es** verleitet mich zu beschwören und abzuschwören –

- **Es** jagt mich von einem Höllengrund durchs andere Himmelreich –

- **Es** bringt mir Hoffnung und dann wieder Zweifel und Verzweiflung –

- **Es** macht, dass ich himmelhoch jauchze und gleich darauf zu Tode betrübt bin –

- **Es** führt mich aufs Glatteis und an der Nase herum, um mir meine Sicherheit, Beständigkeit und Stärke – die Souveränität! – zu nehmen, sodass ich nicht mehr Herr meiner Sinne und Gefühle bin –

- **Es** zündet in mir die Freude, den schönen Götterfunken, und stürzt mich gleich hernach in tiefste Trauer –

- **Es** verspricht mir den Himmel auf Erden und schürt derweil das Feuer in der Hölle –

- **Es** macht, dass mir im Herzen die Sonne aufgeht, die meine Glieder und Sinne stärkt, aber dass auch wieder dunkle Gewitterwolken aufziehen, unter denen ich im Regen stehen bleibe und nur noch dumm dreinschaue, aller schönen Träume von Freude, Glück und Liebe beraubt –

- **Und es** macht schließlich, dass ich den Verstand verliere und mir das Herz zerbricht – dann, wenn Liebe explodiert.

Niemand muss sich so noch wundern, dass ich in jungen Jahren an der Liebe gescheitert bin.
Bei der Lösung des Problems stehe ich mir nur selbst im Wege, und Grund ist in der Tat **das Teufelchen, die Urkraft, die in uns ist und lauert allüberall!**
Dies Teufelchen macht so auch, dass der Mensch bislang keinen Ausweg fand und nur demütig resigniert: „Wer wird die Liebe je verstehen?"

Jedoch – entscheidend ist, ich erkenne die Gleichartigkeit des Geschehens, wo die lebendige Urkraft ihr Unwesen treibt und finde eine Antwort hierauf. Keineswegs leicht, weil alles erfühlt werden muss: „Wenn ihr's nicht fühlt, ihr werdet's nicht erjagen" (Goethe, Faust I). Denn das Unerwartete trifft mich sodann tief und es schockiert, sodass ich gelähmt bin und nicht weiter weiß in diesem heillosen Irrgarten der Gefühle.

## DAS INITIALE FELD DER LIEBE

Sowohl das Kritische Feld, wie von mir im Folgekapitel beschrieben, als auch das davor liegende Initiale Feld der Liebe, um das es hier jetzt geht, ist das Werk der Urkraft. Wir können es nur schwer oder gar nicht als solches identifizieren, denn es fehlen das Schreckenerregende und der Schock.

Jedoch wird auch der Beginn von Liebe durch die Urkraft angeregt, mit den Eigenschaften des Zufalls und des eigentlich Unerwarteten. Dies Unerwartete ist nun allerdings keine Provokation, sondern eine Herausforderung, wenn auch beide Begriffe in der Übersetzung dasselbe sind. Noch besser sind hier zumeist die Begriffe „Anreiz" und „Reiz" oder auch „Impuls", mit denen das Geschehen hier im Wirken der Urkraft im Initialen Feld der Liebe richtig beschrieben wird.

Provokation hat im Gegensatz dazu fast immer den Ruch des Bösen und/oder Unangenehmen, während uns das Unerwartete am Beginn von Liebe als Herausforderung oder Anreiz begegnet, ohne die Disharmonie des Schreckenerregenden, worin mörderische Hitze und zermürbender Druck alles zu verbrennen und ersticken drohen.

Es wachsen vielmehr wohlgefällige Wärme, Zuneigung und Verinnerlichung – Voraussetzungen für die Sinnhaftigkeit und das Entstehen eines erotischen Kraftfeldes in der Liebe:

Die zufällige Begegnung, ein Blick, ein Lächeln, eine Berührung, die Zuwendung, ein Wort, die schönen Augen, das schöne Gesicht, die schöne Gestalt („Mich reizt deine schöne Gestalt!"), aber auch Ansehen und Erfolg bauen das erotische Spannungsfeld und dazu die besondere und intensive Sinnkraft auf. Beides, die Sinnkraft und die Kraft der Erotik, sind die Ingredienzen für den Beginn von Liebe mit der Harmonie des Schönen und Gefälligen.

Die Herausforderung schließt daher, im Gegensatz zur Provokation, neben dem Unangenehmen und Bösen nach meiner Definition auch das Gefällige und das Schöne mit ein, die uns nicht provozieren, aber herausfordern und einen Reiz oder Anreiz für uns haben.

Was diesem Prozess im Initialen Feld von Liebe jedoch fehlt, ist die Möglichkeit der Verschmelzung, der Fusion. Es bleibt allein die Adhäsion, die, im Gegensatz zur Fusion, anfällig und verletzlich, also sterblich ist, sodass hieraus notwendig auch das Kritische Feld mit seinen unangenehmen Provokationen und der zuweilen auch mörderischen Metamorphose der Liebe hervorgeht.

Dass die reine Adhäsion hingegen auch Jahrzehnte und gar ein Leben lang halten kann – ohne Zweifel ist das im Zauber der Liebe möglich, trotz aller Abstriche in ihrer Unvollendung und obgleich diese Liebe sterblich bleibt, verletzlich und anfällig ist, den großen und hässlichen Provokationen im Wirken der Urkraft nicht wirklich gewachsen – und schon gar nicht dem Tod!

Somit bleibt Liebe oftmals auch ein Leben lang erhalten, mit aber ihren vielen Schattenseiten, die den Liebenden hier und da auch zweifeln und verzweifeln lässt.

Das wiederum macht, dass die Liebe auch immer wieder das ganz andere Gesicht bekommt, das von Hass, Aggression und Zerstörung. Und die Wunden, die man sich hierbei schlägt, sind das tiefe Trauma des Unverstandenen und Unbegreiflichen, sodass man sich hernach, zur Besinnung gekommen, mit Schrecken fragt: Wie konnte das nur passieren? Wir haben uns geliebt, jetzt aber liegt alles in Trümmern, in Schutt und Asche! – Das jedoch allein, weil wir nicht die richtigen Reflexionen, die richtige Antwort haben auf den Schock der Provokation.

## ORPHEUS UND EURYDIKE
## UND DAS KRITISCHE FELD DER LIEBE

Wenn wir bei den Betrachtungen zur Urkraft nicht nur unsere Gegenwart, sondern auch die europäische Antike einbeziehen, die ohnehin die Basis unserer Hochkultur ist, so können wir mit Staunen erfahren, dass bereits in der griechischen Mythologie, vor etwa 2500 Jahren, eine deutliche Annäherung an das Wesen der Urkraft gefunden wurde. Nur fehlte dort noch die umfassende Lösung des Problems. Dennoch war es eine exzellente geistige Leistung: das Drama um Orpheus und Eurydike.

Zum neuralgischen Punkt dieses Dramas: Weil Orpheus ungeduldig wird und sich Eurydike voller Zweifel zuwendet, Zweifel am Geschehen und Selbstzweifel, offenbart sich ihm das provozierende Unerwartete im Gesetz der Urkraft.

Dies Gesetz ist die Forderung, besser: die Herausforderung, mit der sie uns konfrontiert und provoziert. Sie lautet, den Ort, an dem sich Eurydike befindet, nicht bestimmen zu wollen, solange der Impuls besteht – das meint hier die Dauer des Ganges aus der Unterwelt bis an die Oberwelt!

Orpheus wurde zuvor zwar gewarnt, nicht dagegen zu verstoßen, und Eurydike war zunächst sicher hinter ihm! Im Moment seiner Zuwendung, des Umdrehens, ist sie jedoch nicht mehr hinter ihm, weil er auch den Ort, an dem sie sich befindet, bestätigt haben will. Das aber ist nicht möglich, da er hiermit gegen das Gesetz der Urkraft verstößt, indem er, ungeduldig und voller Zweifel, gegen die Harmonie der Wechselwirkung handelt, gegen den Rhythmus von Liebe.

Die Unwiderruflichkeit des Verlustes entsteht jedoch allein dadurch, dass er keine richtige Antwort findet, nicht die richtige Reflexion auf das Unerwartete, denn der Schock und das Schreckenerregende dieses Unerwarteten lähmen ihn. Orpheus ist nicht in der Lage, das Geschehen korrigierend zu harmonisieren.
Die richtigen und damit korrigierenden Reflexionen gibt es jedoch in der Tat. Diese Fähigkeit gehört zur **Hohekunst der Liebe**.

Wichtig für das richtige Verständnis: Man bedenke, dass dies Meisterwerk der Dichtkunst eine brillante Parabel ist, ein Gleichnis. Eurydike ist zwar physisch, mit ihrer Gestalt, zunächst unverändert hinter Orpheus, als dieser sich umdreht, jedoch wendet sie sich mental unmittelbar von ihm ab, weil sie glaubt, keine Liebe mehr zu spüren, als Orpheus die Harmonie der Wechselwirkung stört und nach ihr schaut – ungeduldig und zu früh!

Da er nun wiederum von Eurydikes Reaktion gelähmt ist und keine richtige Antwort auf diese Herausforderung weiß, nicht die richtige Reflexion, wendet sich Eurydike schließlich auch körperlich von ihm ab und geht ihren Weg zurück in die Tiefen der Unterwelt.

Entscheidend ist in diesem Prozess, was Zeit macht, was wir selbst empfinden und spüren, so sich unsere Gefühle plötzlich und unerwartet ändern. Denn diese Zeit im Sein sind wir selbst, und so ist es die Mentalität, mit der wir dem Anderen begegnen. Es ist das, was wir, und so auch Eurydike, in solchem Moment empfinden. Demzufolge verkehrt sich auch Eurydikes Zuwendung in der Liebe unmittelbar ins Gegenteil: Sie verspürt scheinbar keine Liebe mehr, als sich Orpheus ungeduldig nach ihr umdreht und somit die Harmonie im Rhythmus von Liebe empfindlich stört.

Diesen offensichtlich widersinnigen Prozess gibt es jedoch nur im Kritischen Feld von Liebe, während im Initialen Feld die Zuwendung des Orpheus keine gegenteiligen Reflexionen hervorruft: „Ich liebe dich." folgt „Ich liebe dich auch."

Hier jedoch, in der Hölle der Ungeduld, der Zweifel und Verzweiflung, verstärkt die Zuwendung des Orpheus allein die Abkehr und das sich Abwenden der Eurydike, während sich bei ihm die Gefahr eines (aussichtslosen) Klammerns ergibt, sodass damit die Kluft zwischen beiden und die Verzweiflung des Orpheus nur noch größer werden und Eurydike schließlich geht. Denn Orpheus ist gelähmt, er weiß keine Antwort, kennt nicht die richtige Reflexion auf den Schock des Unerwarteten, sodass Eurydike sich auch mit ihrer Gestalt abwendet und geht.

Das Markante so denn in dieser Metamorphose, der Wandlung: Hier kehren sich die Vorzeichen um, wenn die Zuwendung durch den Blick, die Berührung, das Lächeln, das (liebe) Wort, die Beschwörung von Vergangenem („Wir haben uns aber doch geliebt, und ich liebe dich jetzt noch viel mehr!") zum bösen Bumerang wird. Denn statt der erhofften neuen Zuwendung und Zuneigung wird des Anderen Widerstand nur größer und scheint schließlich gar unüberwindlich.

Der so Enttäuschte, der nun klammert und schwört, er habe doch immer nur geliebt und liebe jetzt noch viel mehr – er vergrößert die Kluft zwischen ihm und der/dem Geliebten, denn der Klammernde beweist, dass er die Gefühle des Anderen nicht verstanden hat, nicht weiß, was den Anderen bewegt, und erreicht so zumeist nur das Gegenteil von dem, was er will …, sehr tragisch, weil dieser dramatische Auftritt oft schwere Folgen nach sich zieht, etwa die, dass die Liebe unkontrolliert explodiert.

Diesen falschen Reflexionen fehlt das Verstehen um die Zusammenhänge – auf der einen wie allerdings auch auf der anderen Seite!
Im Gegensatz zum Initialen Feld gilt somit für das Kritische Feld: Liebe redet nicht über Liebe, sie handelt in der Liebe, jedoch ohne die Zuwendung.

Das bedeutet: Sooft ich mich in dieser Phase der Liebe dem Anderen öffne und über die Liebe spreche, entferne ich mich von ihr, von der Liebe, verzerre ich ihre Wesenheit, verunstalte und verhunze ich die Gefühle, die eigenen und die des Anderen.
Hier findet man so denn die Hohekunst der Liebe: im Nichtsprechen und Nichtsehen, im richtigen Loslassen und Abstandhalten und doch im Verstehen, was hierbei passiert – **die Intelligenz der Gefühle**!

Und in diesem Prozess ist Liebe still, unheimlich still: kein Gekeife, kein Geschreie, kein Gezeter, kein Gezänke, kein Gejammer, kein Brüllen, kein Fordern, kein

Drängen, kein Vorwurf, keine Klage, keine Anklage, keine Drohung, keine Heuchelei, kein Zerreden, kein Schleimen, keine falschen Tränen, keine händeringende Unterwerfung – nur das stille Verstehen mit eben dem Verstand der Gefühle.

Des Weiteren spielt sich dies Drama um Orpheus und Eurydike am richtigen Ort ab, in der Unterwelt, wurde so vom Autor des Dramas jedoch keineswegs zufällig gewählt. Denn das Kritische Feld von Liebe, um das es hier geht, ist nichts anderes als die Ungeduld des Herzens und die Hölle der Zweifel und Verzweiflung.

Damit ist nicht nur das Wesen im Wirken der Urkraft richtig dargestellt, wenn Orpheus vom Unerwarteten schockartig getroffen wird, das Geschehen findet auch am richtigen Ort statt. Es ist Ausdruck der sehr hohen erfühlenden Intelligenz in Dichtkunst (und Philosophie) der europäischen Antike, wovor ich mich immer nur in Hochachtung verneigen kann.

Ein markantes Beispiel für diese Hölle, durch die die Liebe mit ihren schrecklichen Metamorphosen (Wandlungen) geht, ist auch Shakespeares Tragödie **Othello**. Hier schürt die Eifersucht das Feuer, worin die Liebe verbrennt, weil Othello nicht die richtige Antwort weiß auf das Schockierende, seinen schrecklichen Verdacht um die angebliche Untreue seiner Frau Desdemona, sodass er sie erwürgt.

Zu Orpheus: Man beachte jedoch auch, dass er erst 20 war und noch nicht die nötige Erfahrung und Reife hatte, um zu verstehen, welche Bedeutung dieser scheinbar widersinnige Prozess hat, sodass er auch nicht die richtige Antwort auf Eurydikes Abwendung fand. Daher wurde der Druck für ihn (wie aber auch für Othello) zu hoch, so hoch, wie wir es in der Resignation kennen, wenn wir sagen: Lieber ein Ende mit Schrecken als ein Schrecken ohne Ende.

Die Lösung des Rätsels um Eurydikes schockierende Reaktion beginnt mit der richtigen Antwort auf das vorläufige Scheitern, das sich durch die Interpolation wandelnd in das normale Geschehen des Kritischen Feldes von Liebe wieder einordnet.
Denn aus dem Unerwarteten ist das **erwartete Unerwartete** geworden, und allein mit der aufgezeigten subtilen Antwort kann dem sonst eigentlich Unerwarteten richtig begegnet werden. Das ist die Voraussetzung dafür, den Gang aus der Unterwelt mit Eurydike als unsichtbarer Begleiterin erfolgreich zu beenden.

Die Wesenheit dieser Lösung liegt daher in der unmittelbaren Überwindung der drohenden Lähmung durch das eigentlich Unerwartete. Das heißt, ich bin mental auf das eigentlich nicht erwartete Unerwartete eingestellt, um bei der Konfrontation mit diesem jetzt erwarteten Unerwarteten ohne oder mit nur geringer Verzögerung und frei von Lähmung die Korrektur zu vollziehen. Und das wiederum bedeutet: eine Korrektur in der Interpolation des richtigen Handelns, der eigenen subtilen Reaktion.
(Hätte ich hingegen Eurydikes Reaktion mit Gewissheit erwartet, sodass ich dann nicht vom Unerwarteten hätte sprechen können, hätte ich mich auch nicht umgedreht, um die geliebte Eurydike nicht zu verlieren.)

Nur so auch wandelt sich das vorläufige Scheitern in ein ganz normales Geschehen des Kritischen Feldes und wird zum wiedergewonnenen Ausgangspunkt für das Ziel, die Schlussphase im alles entscheidenden Kritischen Punkt, wo die Liebe kontrolliert! explodiert und sie ihre Vollendung findet mit der Fusion von Zeit.

Die Handlung im Drama von Orpheus und Eurydike hat somit aber auch nicht das Geringste mit Hokuspokus und irgendwelchem Jenseitsspuk zu tun, sondern beschreibt schon dort sehr genau das charakteristische Wirken der originären Urkraft, ist also allein einem Naturgesetz angepasst.

Auch Goethe und andere Dichter und Denker hatten über den Sinn dieses Dramas nachgedacht und versucht, es zu verstehen und auszulegen – vergeblich! Nunmehr ist aber auch dies große Rätsel gelöst.

Und es war in der Tat ein großes, ein bedeutendes Rätsel, weil es die unmittelbare Wesenheit der Urkraft in der Genesis der Liebe offenbart wie erst wieder Mozarts **Zauberflöte** etwa 2300 Jahre später. Denn die Entsprechung zu diesem Drama der Antike haben wir, wenn dort die Liebe im Nichtsehen und Nichtsprechen gefordert ist, eine scheinbar das Herz brechende, aber notwendige Provokation, weil nur darin die große Erhitzung und der schier unerträgliche Druck entstehen – Voraussetzung für die Vollendung von Liebe mit der Fusion von Zeit.

Die Lösung dieser Problematik mit den (hässlichen) Provokationen der Urkraft liegt so denn in der Harmonisierung des Geschehens, zunächst im nunmehr erwarteten

Unerwarteten, dann jedoch in der (richtigen) Antwort auf den Schock, auf das Schreckenerregende dieses Unerwarteten, erst instinktiv, dann aber abschließend notwendig nur im hellen Licht von bewusstem Sein und dort mit der erfühlenden Intelligenz – notwendig so, weil hier der Instinkt versagt und das bewusste Handeln gefordert ist, das Handeln gegen den natürlichen Instinkt. Ein Handeln des reinen Verstehens mit der Intelligenz der Gefühle!

Dies (wortlose) Verstehen aber ist kein Gnadenakt! Denn Gnade hat immer das Verzeihen als Voraussetzung. Verzeihen und Gnade sind hier jedoch der Hinweis, dass ich etwas nicht verstanden habe und dem Anderen eine Schuld zuweise, die er nie gehabt hat, zumal ich selbst den Anderen zu solchem Handeln provoziert habe, bewusst oder unbewusst.

Das ist von immenser Tragweite im Kritischen Punkt der Genesis von Liebe, dort, wo Liebe explodiert. So hat aber auch der biblische Gott voller Rache und Gnade nie etwas verstanden, nicht den Menschen, nicht das Gesetz des Handelns und nicht die Liebe. Denn mit solchen Eigenschaften hat dieser Gott dem Menschen eine Selbstschuld zugewiesen, die es aber nie gegeben hat.

Somit ist neben vielem anderen auch die Selbstschuld in ihren verhängnisvollen Auswirkungen nur als schwerer und tragischer Irrtum biblischen Ursprungs zu deuten, der unverändert in der heißen Gegenwart falsch zugeordnete menschliche Katastrophen mit einem Meer aus Not und Elend, Blut und Tränen und Tod und Verderben hinterlässt.

Die Genesis der Liebe jedoch – sie ist in der Tat nichts für Leichtsinn und Koketterie, nichts für den (abartigen) Rausch der Sinne, für den von der Liebe isolierten und beherrschenden sexuellen Trieb in und durch alle Löcher im Sinne der nicht nur sexuell völlig ausgerasteten 68er Generation. „Wer 2 Mal mit derselben pennt, gehört schon zum Establishment" – und viele Beispiele mehr gibt es für die inhaltslosen und dummen Sprüche der Anführer dieser Generation.

Aber Liebe ist auch nichts für den ewig Wankelmütigen, für die mentale Instabilität. Also ist sie nichts für unsere Welt, eine orientierungslose Welt sexueller Befreiungsorgien der dunklen Triebe, der Käuflichkeit und falscher Gefühle.

Im Besonderen noch ein Hinweis zur Homosexualität:
Das eigentlich tief Traurige in dem ganzen Prozedere um die total irrige Versexualisierung der Gesellschaft: Die Betroffenen etwa der Homosexualität, sie werden nie erfahren, was Liebe außerhalb ihrer emotionalen Wallungen ist, sodass ihnen damit auch der Weg in die ganz neue Dimension von Sein+Zeit auf ewig versperrt bleibt.

Die Begründung: Ich habe verdeutlicht, dass die sexuell-erotische Kraft dem Elektro-Magnetismus auf der Ebene von Materie und Energie entspricht, sodass die Erotik dem Magnetismus gleichzusetzen ist. **Allerdings gibt es in der Natur ausschließlich den bipolaren, nicht aber den monopolaren Magnetismus**.

So ist denn der Magnetismus nur und ohne Ausnahme mit den beiden gegensätzlichen Polen möglich, wie wir es z.B. bei unserem Planeten kennen, der einen Süd- und einen Nordpol hat. Und wenn es diese Bipolarität nicht gäbe, würde auch unser Planet nicht richtig und lebensgerecht funktionieren.

Dasselbe wie dort gilt nun ebenso hier auf der Ebene von Sein+Zeit: Nur die Bipolarität der Geschlechter, der **Gegensatz zwischen Mann und Frau!**, er trägt auch den Keim für die Erotik, für den Pfad sinnvoller Evolution in die ganz neue Dimension von Sein+Zeit – nur „**Mann und Weib und Weib und Mann reichen an die Gottheit an**" (siehe **Die Zauberflöte**).

Tut mit leid, liebe Homosexuelle und sonstige durch die sogenannte sexuelle Revolution und später auch die Gendertheorie mental Verirrte, es tut mir in der Tat leid, dass euch die ganz neue Dimension von Sein+Zeit völlig verschlossen bleiben wird. Das hatte ich nachweislich von Anbeginn meines Philosophierens gewusst, liegt jedoch nicht an mir, sondern an den Naturgesetzen.

Dazu noch: Was aber hat die Ablehnung der Homosexualität mit Phobie zu tun, mit der Angst vor gleichgeschlechtlichen Beziehungen, wie es uns, den Gegnern, aber notorisch unterstellt wird? Homophobie habe ich nie auch nur ansatzweise empfunden, nur ein etwas schmerzliches Bedauern über diese verqueren emotionalen Verirrungen, wie sie sogar im Tierreich nur extrem selten vorkommen, siehe die Bonobo-Schimpansen.
**Aber bitte niemals Gewalt gegen Homosexuelle!** Sie können nichts dafür. Denn sie wurden so umerzogen.

Über das schon Gesagte hinaus ist es in der Genesis der Liebe von entscheidender Bedeutung, dem Druck standzuhalten und gegen den natürlichen Instinkt zu handeln, das Teufelchen zu überlisten und die Gelassenheit zu wahren, sodass ich mir statt dessen sage: „Lieber will ich sterben als dem Gebot der werdenden Liebe entgegen zu handeln."

Diese Gelassenheit in harrender Geduld verwechsle man bitte nicht mit einer Enthaltung, mit dem „gebrannten Kind, das das Feuer scheut". Neben der Isolation der Individuen ist dies heute Ursache für unsere Single-Gesellschaft, die oft in die Vereinsamung führt oder nur noch einen Sinn in dem flüchtigen und schnellen Abenteuer aus Sex, Lust und Frust sieht.

Das Harren in Geduld aber ist das Ruhen in sich selbst. Und Gelassenheit ist schließlich dort, wo der Jugend Sturm und Drang der Erfahrung und Weisheit des Alters weicht: Ab 16 sucht man den Schmerz der Liebe, ab 60 nur noch ihre Schönheit.

So bin aber auch ich in meiner Jugend und im frühen Mannesalter von einem Höllengrund durchs andere Himmelreich gejagt: voller Ungeduld, Zweifel und Verzweiflung und ohne Orientierung, aber stets mit dem Schmerz als unvermeidlichem Begleiter.

Beim tieferen Blick ist die Dominanz der Sexualität jedoch Grund für die Isolation in der Single-Gesellschaft, eine völlig überhöhte Sexualität, die uns die Protagonisten der 68er Generation eingeprügelt haben, eine dominante Sexualität, die die Liebe erstickt und verdrängt und in Massen ein falsches Verhalten und falsche Gefühle verursacht wie auch die Isolation und die Unfähigkeit zu einer Bindung; denn das Misstrauen obsiegt.

Unter diesen Voraussetzungen vermag so auch kaum noch jemand, sich der Liebe zu öffnen und wenn doch, nur mit großem Vorbehalt, weil Angst herrscht und daher auch die verkehrte Vorsicht. Jedoch ist Angst der falsche Ratgeber und im Ergebnis eben das gebrannte Kind, orientierungs- und hilflos gegenüber den schier unerklärlichen Herausforderungen der Liebe, wenn man so will: der Urkraft.

So schlägt sich die Angst in Hemmungen und Vorbehalten nieder, womit auch nur schon der Versuch einer Öffnung für eine neue Liebe nicht selten von vornherein scheitern muss. Denn man befürchtet, dass auch die neue Liebe nur wieder misslingen und zerbrechen wird, womit man in einigem Umfang auch Recht hat, solange nicht der klärende Kritische Punkt in der Genesis von Liebe umfänglich bekannt, verstanden und verinnerlicht ist.

Die Gelassenheit in harrender Geduld hingegen, sie ist nur möglich in der Ferne zur Sexualität, bringt aber neben der Hölle der Verzweiflung durchaus auch die Momente des Glücks, wenn ich weiß, worum es geht und auf welchem Wege ich dorthin komme, wo Liebe in ihrer Vollendung ist. Diese Momente des Glücks helfen uns so denn auch, das Geschehen zu ertragen, trotz der oftmals schieren Unerträglichkeit.

Es ist daher nur ein scheinbares Paradox, wenn in beiden Fällen die Hölle der Zweifel und Unbill die Liebe zu ersticken droht, ich dennoch den Schrecken ohne Ende passieren lasse, statt ihm ein Ende zu setzen. Denn dieser Schrecken ohne Ende – er verliert sich in Wahrheit beim Harren in Geduld, sodass sich auch so erst das Tor öffnet in die ganz neue Dimension von Sein und Zeit mit der Vollendung von Liebe. Man sagt auch treffend: „Geduld bringt Rosen."

Am Schluss dieses Kapitels noch ein Wort zum Verhältnis zwischen Orpheus und Eurydike: Wenn Orpheus in dem Drama die Führung innehat, also der Mann, dann ist das umgekehrte Verhältnis allerdings ebenso möglich. Das heißt, Eurydike kann als Frau in gleicher Weise diese Führung in der Liebe übernehmen. Voraussetzung ist in beiden Fällen die größere Erfahrung, die weiter reichende Erkenntnis.

Hier meine ich jedoch keineswegs die Erfahrung im Rhythmus von Sexualität, sondern allein im Rhythmus von Liebe: das richtige Handeln mit der Intelligenz der Gefühle, nicht mit der Intelligenz dunkler Triebe.
Das spricht auch dafür, dass der Altersunterschied von Mann und Frau getrost groß und sehr groß sein kann.

Aber HALT! Dieser Unterschied allein macht es natürlich nicht. Die andere Voraussetzung beim Führenden: Das Kritische Feld in der Genesis von Liebe ist durch Wissen und Erfahrung und, wie von mir beschrieben, auch richtig verstanden und verinnerlicht. Sonst wird Liebe hier ebenso an die Wand gefahren und scheitert!

## DER HOMO EROTUS

Die Physik hat erkannt, dass das Licht aus den Schwingungen oder Wellen des Magnetismus hervorgeht. Lässt das aber nicht den zwingenden Schluss zu, dass auch erst die Erotik dem Menschen ein relevantes Bewusstsein gebracht hat – das Licht in die Dunkelheit!? Zuvor, mit der reinen Sexualität, vermochte er zunächst nur wie das Tier instinktiv zu handeln und eingeschränkt zu denken.

Ich habe an anderer Stelle davon gesprochen, dass das Licht aus der Materie unserem Bewusstsein in Sein+Zeit gleichzusetzen ist. Und auch spreche ich vom „hellen Licht im bewussten Sein".
Ebenso heißt es, dass man gedanklich etwas durchleuchtet, was nichts anderes sagt, als dass man sich etwas ins Bewusstsein holt, es mit „Licht" erfüllt und somit erst richtig sieht und erkennt.

Interessant ist hierbei vor allem die Tatsache, dass es bedeutende Kulturen erst seit ca. 5 Tausend Jahren gibt. (Neuere Forschungen haben eine Hochkultur sogar in einer Zeit vor etwa 10 bis 12 Tausend Jahren entdeckt.) Herausragende Beispiele sind jedoch Ägypten und die Sumerer des Zweistromlandes Süd-Mesopotamien bzw. Babylonien, Teil des heutigen Irak. **Und genau in diese Zeit siedelt man auch die Geburt des Eros an**.

Die Entstehung von Hochkulturen bedeutet daher nichts anderes, als dass der Mensch zunächst ein kraftvolles Bewusstsein entwickeln musste für das Erkennen mit dem Blick auf die Dinge und das Geschehen um ihn herum, womit diese Dinge auch Konturen und ein Gesicht bekamen und nicht mehr völlig im Dunkeln instinktiver Reflexionen lagen, um so des Weiteren etwa Ackerbau und Viehzucht hervorzubringen und die erste bedeutende Architektur und darauf wiederum den Städtebau.

Damit nicht genug. Die Sumerer haben vor fast 5000 Jahren das Zahlensystem erschaffen, die wichtigsten Gestalten des Götterglaubens und die Anfänge der Kunst, aber auch die Keilschrift und damit u.a. das älteste literarische Werk der Menschheit, das Gilgamesch-Epos von Uruk, geschrieben vor etwa 4600 Jahren.

Dieses Epos, genauer: es war ein Sammelwerk von Epen, es ist nicht zufällig mit der Geburt des Eros entstanden, sondern liegt in dieser Geburt begründet. Und sooft ich von der sexuell-erotischen Kraft spreche, liegt die Betonung auch immer auf dem alles entscheidenden Eros, also auf der Erotik, denn die Sexualität ist bereits seit etwa 380 Millionen Jahren Teil der Tierwelt.

Aufschlussreich sind so denn die Zusammenhänge zwischen dem Eros und hoch entwickelten Kulturen. Und im Gegensatz zur Bibel, die erst rund 1500 Jahre später mit der wahrscheinlich erfundenen Gestalt des Moses ihren Ursprung hatte, kann man das Gilgamesch-Epos als echten Vorläufer der abendländischen Geistesgeschichte sehen: über das antike Griechenland, siehe Odysseus, bis zur deutschen Philosophie und Dichtung, siehe Faust – eine kongeniale Linie geistiger Größe und Hochkultur.

Denn König Gilgamesch, war er auch in einigen Dingen ein brutaler Hund, er hatte dennoch den faustischen Charakter, der den Göttern und Dämonen trotzte, sich ihnen nicht willig ergab, der gar schon glaubte, die Unsterblichkeit auf Erden errungen zu haben, und so dem eigentlich Unausweichlichen, dem Tod, die Stirne bot.

So waren es der Trotz, das Dennoch und Warum, das diese großen Geister von Gilgamesch bis Faust bei ihrem Ringen um Erkenntnis auszeichnete und so auch bei dem unbändigen Drang, die tierische Verpuppung des Menschen zu sprengen und die ganz neue Dimension von Sein+Zeit zu betreten, diese Dimension der Unsterblichkeit: per aspera ad astra, durch Nacht zum Licht, zu den Sternen!

In diesem Zusammenhang ist auch bemerkenswert, was Sokrates über die Bedeutung des Eros sagte: „Der Eros, das ist das Verlangen der Sterblichen nach Unsterblichkeit."
Eine beeindruckende erfühlende Leistung schon in der Hochkultur der Antike vor über 2400 Jahren, tragischerweise vom Wirken der jüdisch-christlichen Kirche für viele Jahrhunderte abgewürgt – das retardierende (verzögernde) Moment. Denn sie predigte: „Es ist geschafft, wir brauchen uns keine Gedanken mehr um unsere Zukunft zu machen und nicht um das, was ist; das liegt alles in Gottes Hand!"

Die Mentalität der eurasischen Hochkultur steht auch erfrischend der heutigen Mentalität gegenüber, die in den Fesseln dunkler Triebe gefangen ist und in einer Hochphase der Horrorkultur, der Ängste und Hysterie, des

Duckens und Kriechens. Und das, was wir als Glanz erkannt haben wollen, ist nur der von Money und das ewige Grienen und Grinsen von Politikern, sogar in Situationen, wo es wahrlich nichts zu Grinsen und Grienen gibt.

Damit strebt der Mensch als Täter wie als Opfer mit ihnen, den dunklen Trieben, nicht zum Licht, zu den Sternen empor, sondern bricht, Grenzen missachtend, nach unten durch, in den Abgrund, in den Abgrund ohne Wiederkehr.

Über das hinaus sagt man, Gilgamesch sei wohl nur ein Phantom gewesen, so wie ja auch die Hauptfiguren der Bibel, Moses und Jesus, nur fiktive Gestalten waren, zumindest in bedeutendem Umfang.

Entscheidend aber ist nicht die Erfindung von Gestalten und Ereignissen – auch die Abenteuer des Odysseus und Faust sind in einigem Umfang nur erfunden. Entscheidend ist jedoch allein der Geist, der Zeitgeist, der dahinter steht und sich in solchen Epen widerspiegelt und der sowohl im Falle Gilgamesch als auch in den Fällen Odysseus und Faust nicht nur in Ordnung, sondern brillant war, eine kongeniale Linie im Roten Faden sinnvoller Evolution.

Bemerkenswert ist dazu noch die Gottesvorstellung des ägyptischen Pharaos Echnaton (Amenophis IV.). Das war vor über 3300 Jahren. als er die Sonnenscheibe zum einzigen Gott erhoben hatte: Aton bzw. Ra.
Aber weniger interessant ist hier der (falsche) Monotheismus, denn vielmehr die Sonne als Gott.

Das Erstaunliche liegt in der nun erkannten Gottheit sinnvoller Evolution, wenn sich die Entsprechung zur Sonne im Komplex Sein+Zeit in der Tat als Gottheit offenbart, als das Licht, das alles durchflutet und auch die dunkelsten Ecken in Sein+Zeit ausleuchtet, damit der Mensch erkennen kann und im Licht dieser Gottheit eine Zukunft hat.

Auf der Ebene Materie+Energie war nach Echnatons Vorstellung dieser Gott die Sonne, das Licht im Kosmos, der kommenden Gottheit sinnvoller Evolution in Sein und Zeit entsprechend und somit durchaus realitätsnah, weil diese Vorstellung der Wahrheit sehr nahe kommt: Der Kernreaktor Sonne, der mit der Fusion von Materie erst Sein+Zeit, das Leben, möglich machte ... Und dann die Fusion von Zeit, die erst ein auch sinnvolles Leben ermöglicht. Und daher auch war Heideggers **Sinn von Sein im Zentrum von Zeit** der Fingerzeig zu den Sternen.

Und – sehr aussagekräftig! – wir sind Kinder einer Sonne, einer Super-Nova, und also aus Sternenstaub geboren, somit auch die Selbsterfahrung des Kosmos im Bewusstsein, dem hellen Licht von Zeit im wohltemperierten Sein.

Echnaton hatte so denn keine nebulösen Vorstellungen von einem Jenseits, in dem ein Gott wirkt, sondern glaubte, ihn im sichtbaren, diesseitigen Licht zu erkennen, ein Licht, das in der Tat vorndran unsere Welt überhaupt erst möglich machte.

Jedoch, die erst jetzt entdeckte Hochkultur vor 10, 12 Tausend Jahren und in der Steinzeit die noch ältere Höhlenmalerei – ein Geniestreich des Menschen! -, sie mögen so auch bereits das Vorglühen dieser Bewusstseinswerdung gewesen sein.

Andere Ansätze, wie etwa die Entwicklung des Werkzeugs und die Bändigung und Nutzung des Feuers, die geplante Jagd, das Tragen von Kleidung, sie setzten allerdings auch bereits einen gewissen Grad von Bewusstsein und damit des Verstehens, der Intelligenz, voraus, sind aber einige 100 Tausend Jahre älter.

Das widerspricht nicht der Theorie vom Menschen als dem Bindeglied zwischen der Welt des Tieres und der Gottheit. Denn in der Evolution gibt es nachweislich nie abrupte Übergänge. Es braucht die *Zeit der Reife, sodass diese Übergänge nur fließend sind und mit Berührungspunkten, bevor aus diesen langwierigen und langen Entwicklungen hervorgeht, was sein muss: eine ganz neue Art und folglich auch eine ganz neue Dimension von Sein und Zeit.

Und dies wiederum streitet auch nicht die Erkenntnis ab, dass doch urplötzlich eine Änderung auftrat, wie etwa der Zellkern des Einzellers vor etwa 1,5 Milliarden Jahren, nachdem es den Einzeller ohne Zellkern bereits 2 Milliarden Jahre gegeben hatte.

Denn auch dieser plötzlichen Änderung gingen unzählige vergebliche Versuche voraus. Und der primitive Urzustand des Einzellers ließ zudem noch gar keine andere Möglichkeit des erfolgreichen Versuchens zu. Es war dort erkennbar die einzig machbare Version eines sinnvollen evolutionären Fortgangs.

In der frühen Entwicklung des Menschen vor hunderttausenden Jahren war es so auch ein Zustand der Bewusstseinsdämmerung, bevor sich viel später – erst mit dem Eros – Hochkulturen mit ihrem relevanten Bewusstsein auf der Erde ausbreiten konnten. Nicht von ungefähr!

Und in der Zeit vor 30 bis 40 Tausend Jahren gab es mit dem Homo sapiens schon das merkliche Vorglühen für das Bewusstsein des Menschen mit der pränatalen Ankündigung des Eros. Geboren wurde dieser Eros aber erst wirklich vor etwa 5000 Jahren, sodass hier auch eine deutliche Zäsur, ein Wendepunkt, erkennbar wird: der Mensch als unmittelbarer Vorläufer der Gottheit – der Homo erotus.

Oder sind diese Zusammenhänge nicht augenfällig und der beste Beweis für die Bedeutung des Eros als Ursache für den Wandel der Geschichte und Geschicke des Menschen, womit er sich erst signifikant, also wesentlich vom Tier abhebt: noch kein Gott, aber auch nicht mehr ganz nahe am Tier?

Man benenne daher auch den Menschen ab der *Zeit vor 5000 Jahren als **Homo erotus**, der somit der Nachfolger des Homo sapiens ist, weil dort eine bedeutende Wende in der Geschichte des Menschen sichtbar wird: Er, der Mensch, als das Bindeglied zwischen Tier und Gottheit, so doch die Gottheit in ihrer Wesenheit geprägt ist vom Eros mit allen Ingredienzen, die diese ganz neue Dimension von Sein und Zeit kennzeichnen, Eigenschaften, die dem Tier jedoch in Gänze fehlen. Zum Homo erotus zähle ich jedoch nur die Menschen, die auch eine Seele haben, ein Gewissen, sodass sie mit ihrer Intelligenz der Gefühle sehr sicher und richtig unterscheiden können

- zwischen **Gut und Böse**
- zwischen **Unschuld und Schuld**
- zwischen **Unschuld und Sühne**
- zwischen **Ursache und Wirkung**
- zwischen **Widerstand und Kollaboration**
- zwischen **Führung und Verführung**
- zwischen **Verstehen und Rache**
- zwischen **Wahrheit und Lüge**
- zwischen **Selbstlosigkeit und Eigennutz**
- zwischen **Scham und Schamlosigkeit**
- zwischen **Dummheit und Böswilligkeit**
- zwischen **richtigen und falschen Gefühlen**
- zwischen **echten und falschen Tränen**
- zwischen **Aufrichtigkeit und Heimtücke**
- zwischen **Sinn und Unsinn**
- zwischen **Nützlichkeit und Widersinn**
- zwischen **Verantwortlichkeit und Willkür**
- zwischen **Aufklärung und Volksverhetzung**
- zwischen **Aufklärung und Umerziehung**
- zwischen **Aufklärung und Rassismus**
- zwischen **Opfer und Täter**
- zwischen **Recht und Unrecht**
- zwischen **Humanität und Volksmord**
- zwischen **Volksvertretung und Populismus**
- zwischen **Demokratie und Demagogie**
- zwischen **Liebe und Sexualität**

Wenn diese richtigen Unterscheidungen aber nicht umfassend gelingen, wird alles Geschehen zum grausamen retardierenden Moment für den Erhalt des Menschen auch in der Zukunft, sodass er, der Mensch, Gefahr läuft, sich von dieser Welt verabschieden zu müssen.

## DIE GRUNDSÄTZLICHEN FORDERUNGEN DER URKRAFT AN UNS

Die Forderungen im Wirkkreis der Urkraft an den Menschen zur Harmonisierung des Geschehens reichen von ganz klein bis ganz groß. Die relativ umfangreiche Harmonisierung im Rahmen unseres Verstandes hat uns überhaupt erst zu Menschen gemacht und unterscheidet uns daher auch in diesem Punkt wesentlich vom Tier.

Diese Fähigkeit des Menschen wie auch seine Gestalt, die sich sehr auffällig vom Tier abhebt, sind der Grund, weshalb viele Menschen sich selbst gar nicht als Teil der tierischen Welt zu erkennen vermögen. (Zu mir hat mal jemand im Streitgespräch, und wenn auch im Spaß, gesagt: „Natürlich, du stammst vom Affen ab, aber ich nicht.") Jedoch, was uns vom Tier unterscheidet, ist das Verbindende zur Gottheit. Diese ist allerdings erst ein Teil von Zukunft, während aber auch das Verbindende zu unserem Vorfahr, dem Tier, ebenso deutlich wird.

Wir nennen Letzteres, sooft es beim Menschen sichtbar wird, das Böse. Aber während das Tier nur seinem Selbsterhaltungstrieb folgt, tut es der Mensch, soweit er ein Gefangener seiner dunklen Triebe ist. Denn er folgt z.B. nur der Gier und Habsucht, der Skrupellosigkeit und Grausamkeit über den Gräbern seiner Opfer, was das Tier so jedoch nicht macht.

Die Harmonisierung in Sein und Zeit ist hingegen nur über das Erkennen möglich, das Erkennen der Kausalität, der kausalen Strukturen. Das fehlt dem Tier nahezu völlig, es folgt nur seinen (tierischen) Trieben und in gewissem Umfang der emotionalen Intelligenz.

Die Harmonisierung finden wir jedoch in vielen Dingen des Alltags: in der Routine, der Rationalisierung, im Versuch, im Vordenken und in der Organisation, aber in auch anderen Dingen mehr.

- In der **Routine**, wo der Zufall und das eigentlich Unerwartete längst weitgehend harmonisiert sind.

- In der **Rationalisierung**, wo ich die Dinge noch besser (oder für den Profit auch schlechter) gestalte und ablaufen lasse.

- Im **Versuch** und **Probieren**, wo ich ganz Neues erfassen und harmonisieren möchte.

- Im **Vordenken**, wobei ich eine Arbeit, der ich nachgehen will, zuvor schon mit allen Handgriffen und sonstigen Tätigkeiten vor meinem geistigen Auge ablaufen lasse, sodass ich diese Arbeit mit der besseren Motivation und somit auch leichter und schneller erledigen kann.

- In der **Organisation, Koordination** und **Planung**, wo ich das Unerwartete und den Zufall überhaupt erst noch in den Griff bekomme, also auch harmonisieren will, um möglichst ohne Störung durch den (dummen) Zufall eine Aufgabe zu erfüllen, ein gestecktes Ziel zu erreichen, und womit sich darauf alles fügen und unter Kontrolle sein soll.

Der Mensch hat im Gegensatz zum Tier diese Harmonisierung bei 1000 und mehr Dingen in einem Umfang so vollzogen, dass für ihn das Geschehen in weiten Teilen angenehm und gefällig ist. Hierdurch verliert der Zufall äußerlich allerdings seine Wesenheit, die des Unerwarteten, wie eben der Zufall landläufig und durchaus richtig verstanden wird.

Wir spüren damit weitgehend die Urkraft in ihrem Wirken nicht mehr.
Durch das Abstimmen von Technik und „Zivilisation" meinen wir so aber auch, es handele sich nicht mehr um einen Zufall, was unserer Reflexion und Reaktion vorausgegangen ist. Das steigert sich bis hin zu der Annahme, dass es überhaupt keine Zufälle gebe, sondern alles vorbestimmt sei.

Das aber ist ein Irrtum, ein oft folgenschwerer Irrtum, wenn wir nur oberflächlich sind und deutsche Tugenden missachten, sodass der Zufall wieder unberechenbar und unerwartet ist und eine Schneise schlägt in unser Geschick und so zu unserem (bösen) Schicksal wird.

Denn die Natur der Urkraft, die Quantennatur, ist allüberall gegenwärtig, sie durchdringt alles und ist allmächtig. Das darf nie unterschätzt werden, sodass hier auch wieder die sehr hohe Bedeutung dieser deutscher Tugenden nicht nur der Sorgfalt, Gewissenhaftigkeit und Zuverlässigkeit hervorsticht.

Wehe, wenn z.B. bei der Routine das Unerwartete, der dumme oder gar böse Zufall dazwischen funkt! Das hat Folgen, die von relativ harmlos reichen, sodass wir auch darüber lachen können, bis hin zu lebensbedrohend und Leben zerstörend.

Aber auch die unwissentliche oder böswillig wissentliche Vergründung von kausalen Zusammenhängen gehört hierzu.
Diese böswillige Verdrängungen tiefer Ursachen sind im Ergebnis so verhängnisvoll, als würde man eine Alarmsirene, z.b. einen Feuermelder, abschalten, weil die Geräusche lästig und unangenehm sind, sodass im Fall des zu spät entdeckten Feuers großer Schaden mit auch größten menschlichen Tragödien entstehen kann.

Nicht böswillig, aber verantwortungslos war es im Fall des atomaren Supergaus in Tschernobyl 1986, als dort der zuständige Ingenieur bei einem beabsichtigten Probelauf den „lästigen Alarm" und damit auch die Blockade für den mangelhaften Test einfach abschaltete, ohne auch nur einen Moment lang zu bedenken, dass gerade dadurch eine Katastrophe erst möglich wurde – ein markantes Beispiel für das Verhängnis als Folge der Missachtung eines Alarmsignals. Die schwere Katastrophe mit dem Schock hernach kennen wohl noch viele von uns.

Und sie hat sich gar erst vor wenigen Jahren fortgesetzt bei der dramatischen Entwicklung im japanischen Fukushima in 2011, wo zuvor mögliche Ereignisse auch einfach ignoriert worden waren, sodass sie vom missachteten Menetekel nun zur bösen Wirklichkeit wurden, nicht nur mit regionaler Begrenzung, sondern für die ganze Menschheit.

Es sind jedoch auch die Banalitäten des Alltags, in denen diese Kraft wirkt und zumeist unbemerkt ihre Spuren hinterlässt. Und überhaupt in auch allen anderen Dingen stellt sich unentwegt die Frage, wie ich etwas harmonisieren oder noch besser machen, nicht nur meine Bemühungen um den Lebensunterhalt rationalisieren oder ein technisches Problem lösen kann – siehe das große Feld der Erfindungen und Forschungen.

Während es bei den Forschungen nicht nur die technisch-zivilisatorischen Belange sind, sondern auch der dringend geforderte Frieden in unseren Köpfen und Herzen und somit auch global für die Welt, werden bedeutende Erfindungen erst durch das Verständnis für die Quantennatur bzw. Quantenmechanik gemacht.

Den Widerspruch, den der Physiker Stephen Hawking allerdings noch in der Quantenmechanik vorzufinden glaubte, weil sich die Gravitation, wie von Einstein definiert, nicht mit dieser Quantentheorie vertrage (siehe auch meine Ausführungen im Band 1), diesen Widerspruch habe ich jetzt aber aufgehoben.

Denn ich habe mit meinen Erkenntnissen zur Quantennatur als Urkraft und zum Wesen des Raumes auch diese Lücke geschlossen, weil einerseits in absolut allen Dingen und Vorgängen, sowohl auf der leblosen Ebene von Materie+Energie (und somit auch im **großräumigen Aufbau des Universums!**) wie auf der lebendigen Ebene von Sein+Zeit, diese Quantennatur zu finden ist.

Sie ist allgegenwärtig und allmächtig und durchdringt alles und ist der Dirigent aller Grundkräfte und so auch der Schwerkraft bzw. Gravitation. Denn diese ist nicht auf der allem anderen übergeordneten Ebene der Quantennatur zu finden.

Einstein wie Hawking sind hierbei nur von der falschen Voraussetzung ausgegangen, wonach sich die Gravitation auf eine Krümmung des Raumes gründet – ihr entscheidender Fehler in irrigen Wunschvorstellungen und wilden Fantasien!

Durch meine Erkenntnisse und Analysen erscheinen jetzt allerdings Banalitäten wie auch das Besondere in einem anderen Licht. Sie bekommen eine andere Farbe, und ihre Schlüssigkeit wird auch in allen Dingen sichtbar, blieb bisher jedoch verborgen und wurde nicht wahrgenommen oder schlicht verdrängt.

Diese Dinge und Geschehnisse werden nun vom Licht durchflutet und dringen erstmals mit ihren spezifischen Strukturen in unser Bewusstsein, sodass wir sie in ihrer Wesenheit richtig identifizieren und die Wahrheit erkennen können.

Damit aber verlassen wir Platos dunkle Höhle, wo diese Wahrheit nur verzerrt und entstellt wird und somit verborgen und in der Dunkelheit bleibt.
Und folglich sind wir auf diese Weise auch besser gerüstet für die Begegnung mit der Zukunft, damit sie nicht ist wild; denn wir werden die Zusammenhänge und kausalen Strukturen und deren Folgen nicht nur erkennen, sondern auch richtig beurteilen und daher auch die richtigen Schlussfolgerungen ziehen und die richtigen Antworten finden.

Für das Überleben einer Art nennt die Wissenschaft diese notwendige Harmonisierung auch **Anpassung**. Und eine Spezies, so der Mensch global oder eine einzelne Gattung, eine Rasse, die nicht zur Anpassung fähig ist und sich den Provokationen der Urkraft nicht erfolgreich stellen kann, ist gnadenlos zum Untergang verdammt.
Es sei denn, der andere Mensch, die andere Rasse greift bereits helfend ein – oder eben auch ein Gott, den es bislang jedoch nicht gibt, weil er ein Teil erst von einer noch unbestimmbaren Zukunft ist.

So ist die Anpassung allerdings auch erfolglos, sooft ich versuche, Dinge und Vorgänge durch das falsche Wort und die böse Tat allein meinen Wünschen entsprechend zuzuschneiden, statt, umgekehrt!, meine Worte und Taten an die Gesetze und Bedingungen der Natur anzupassen.

Andernfalls hat die Harmonisierung bzw. Anpassung keinen Erfolg, wenn ich nicht an die Ursachen des Geschehens gehe, sie vielmehr missachte oder falsche Ursachen vortäusche. Es geht weder in der Technik noch in den Fragen zu Sein+Zeit. Denn in alle Ewigkeit schaffe ich auf diese Weise keine funktionierende, siehe die Technik, und eine lebendige und erhaltende Harmonie, siehe Sein+Zeit, sodass alles im Chaos verendet.

Eine Wesenheit der Urkraft, von der ich in dieser Weltformel spreche, liegt jedoch darin, dass sie eine Kraft ist, die solche Entwicklungen überhaupt nicht interessiert und nicht berührt und die das Gute wie das Böse ungehindert passieren lässt.
Somit interessiert die Urkraft auch nicht, welche Meinung der Mensch hat und wofür er sich hält.

Er kann z.B. ein Schwerverbrecher sein und sich uns dennoch lauthals und ungestört als unschuldiges Opfer prostituieren.

Die Urkraft aber, unbeeindruckt von allem, werkelt mit geradezu stoischer Gleichmut weiter. Nichts kann sie beeinflussen, und nichts kann sie aufhalten oder zerstören. Das Einzige, was uns bleibt, ist, das zu erkennen und die richtige Antwort zu finden, die richtigen Reaktionen und Reflexionen auf das, was diese Kraft von uns fordert, wozu sie uns herausfordert, um die Dinge und Vorgänge zu harmonisieren.

Das bedeutet jedoch nicht, dass ich die Urkraft außer Kraft setzen könnte. Das geht nicht, und das kann auch kein Gott. Sie wirkt unentwegt, unerschütterlich und unzerstörbar seit vor allem Anbeginn und bis über jedes Ende hinaus – seit aller Ewigkeit bis in alle Ewigkeit. Allerdings vermeide ich die möglichen unangenehmen Folgen im Wirken dieser Kraft, indem ich das Geschehen eben harmonisiere.

Mit Anbeginn und Ende meine ich hier den Zyklus vom Werden und Vergehen, der beginnt mit dem primären Urknall und der Raum greifenden Expansion und auf dem Rückweg endet mit dem Einsturz in die Singularität, wobei dieser eine Zyklus nur einer unter den schon unendlich vielen Zyklen ist. Und dabei geht kein einziges Teilchen verloren. Sonst wäre bereits vor auch unendlich langer *Zeit alles verschlissen und aufgebraucht, und uns gäbe es nicht!

Und die Urkraft ist es, die diese Zyklen seit allen Ewigkeiten bis in alle Ewigkeiten erhält, weil nur sie selbst und ihr Wirken ohne ein Werden und Vergehen ist, seit vor allem Anbeginn bis über jedes Ende hinaus – unbeeinflussbar, unzerstörbar und ewig.

Allerdings – auch die Gottheit, von der ich spreche, fügt sich nahtlos in mein Bild von der Welt ein, denn sie ist in gleicher Weise der Urkraft unterworfen wie alles andere ebenso.
Jedoch versteht sie es wie kein Wesen zuvor, so auch der Mensch nicht, den Herausforderungen und Provokationen dieser Kraft wirkungsvoll zu begegnen und das Geschehen zu harmonisieren, damit die Zukunft nicht ist wild und der Mensch ein lebenswertes und sinnvolles Dasein erfährt – das Paradies auf Erden und nicht in einem nie nachweisbaren Jenseits.
Denn den Himmel und gleichwohl die Hölle, dies Gegensätzliche, das gibt es nur hier auf Erden, vorab in unseren Köpfen und Herzen und sodann im Geschehen – sonst nirgendwo.

Aber es interessiert die Urkraft überhaupt nicht, ob wir an sie als einen Gott glauben oder nicht oder ob uns gar die Apokalyptischen Reiter alle Existenzgrundlagen rauben und uns vor schier unlösbare Probleme stellen, sodass die Zukunft ist wild.

Von all dem völlig unbeeindruckt, arbeitet diese Kraft weiter, seit vor allem Anbeginn und bis in alle Ewigkeit, sodass sie mich z.B. in größte, lebensbedrohende Schwierigkeiten bringt und schließlich auch vernichtet oder mich unerwartet in den Olymp hebt und macht den Göttern gleich.

Es ist daher allein eine Sache des Verstehens, der Intelligenz des Menschen, der mit dem Verstehen und folglich richtigen Handeln zu den Sternen fliegt oder aber in den Abgrund stürzt, weil er nichts versteht und somit auch nur falsch handelt. Daher spreche ich auch nur und ausschließlich von einer Gottheit, die erst ein Teil von Zukunft ist und doch dem Menschen in der Tat hilft, ihn schützt, bewahrt und führt, damit er auch eine Zukunft hat.

Die richtige Antwort ist daher allein die richtige Anpassung an das Wirken der Urkraft, an ihr Gesetz. Die Anpassung wiederum ist nur durch das richtige Handeln möglich, nicht durch das falsche Wort.

So wir diese Zusammenhänge missachten oder auch gar nicht erkennen, gibt dann die Urkraft – umgekehrt – dem Menschen ihre arteigene Antwort, eine Antwort, die aber nie ein Gott geben würde, weil er den Menschen in seiner Unzulänglichkeit richtig erkennt und ihn folglich bewahrt und schützt.

In der Folge gibt es aber das bewusst gesprochene falsche Wort nicht mehr. Es gibt nur noch den unvermeidlichen Irrtum unter den Menschen, ein Irrtum, der aber korrigiert und nicht gefördert wird.

Ein unerbittliches Damoklesschwert hängt somit drohend über uns. Und weil sich daran auch noch nichts geändert hat, ist es heute eher denn je möglich, dass die Urkraft

beides gnadenlos zertrümmert, das Böse wie das Gute, was ein Gott, soweit es das Gute betrifft, nie geschehen ließe.
Der Mensch jedoch erliegt hier ohne eine Gottheit seiner Ohnmacht, weil er naturgemäß nicht fähig ist, sich den wirklich großen Herausforderungen erfolgreich zu stellen und das Geschehen zu harmonisieren.

Und so ist dies auch wieder der unumstößliche Beweis dafür, dass es einen Gott noch nicht gibt und obenauf der Mensch bis heute zu dumm ist, das Geschehen und die Gründe richtig zu erkennen und zu verstehen, sodass auch er sich in solchem Moment einer für ihn unüberwindlichen Herausforderung von der Welt verabschieden muss wie bereits 550 Millionen Arten vor ihm. Das sind 99% aller Tierarten!, die unfähig waren, sich den Naturgesetzen anzupassen, die richtige Antwort auf das Walten der Urkraft zu finden.
(Anzumerken ist, dass es zu den ausgestorbenen Arten sehr widersprüchliche Zahlen gibt. So habe ich auch schon von 30 Milliarden gelesen.)

Schließlich eine Anmerkung zu der Phrase **Die Zukunft ist wild**: So lautete in den vergangenen Jahren penetrant die These der Zukunftsforscher.
Jedoch, aufgrund meiner inoffiziellen Schriften, die sich, großenteils auch ohne mein Zutun, über die Welt verbreitet hatten, konnte ich zunächst einen Widerruf und dann obenauf den Widerruf des Widerrufs beobachten. So ließ man zunächst den Menschen nicht mehr fatalistisch einfach untergehen, sodass er keine Zukunft hätte. Ich meine eine einschlägige Dokumentation im Fernsehen

mit dem geänderten Titel: **Wenn die Natur den Menschen überlebt**.

Diese neuere Version zeigte zwar auch sehr krass und realistisch, wie die Welt ohne den Menschen aussehen wird, jedoch war der Titel mit dem Wörtchen „Wenn" zunächst eine Absage an die bislang sichere Annahme vom Untergang global des Menschen.
Vielmehr sah man unter dem Eindruck meiner inoffiziellen Schriften auf einmal die realistische Chance und Option für den Menschen, wonach auch er ein Teil der Zukunft sein kann und diese nicht ist wild.

Dann allerdings, im Januar 2011, der Widerruf des Widerrufs: Um mir also doch zu widersprechen, hatte man sich zurück auf die alte Formel besonnen, wieder im Fernsehen, aber mit dem Titel nicht mehr auf Deutsch, sondern auf Englisch: **The Future is Wild**. – Haha, es darf gelacht werden, trotz aller Niedertracht und Bosheit in den Reaktionen auf nahezu alle meine Erkenntnisse.

Denn die Forderung der Urkraft an den Menschen ist auch die, dass er dennoch und entgegen allen Widerständen die wahren Sachverhalte in ihren kausalen Strukturen richtig zu erkennen vermag und entsprechend handelt, damit sich die Welt zum Besseren ändert – oder er vermag das nicht ... **Dann aber wehe dem Menschen!**

Als Schlussakkord ein Wort an meine Gegner, die so tief im Sumpf von Korruption und Verbrechen stecken, dass sie nicht mehr fähig und auch nicht willens sind, die Wahrheit und bitterböse Wirklichkeit unserer Welt zu begreifen, sodass sie nur noch verschweigen, vertuschen und leugnen können. Es ist ein Wort, das von dem US-Präsidenten **Abraham Lincoln** stammt und höchste Aktualität hat:

**Man kann alle Menschen einige Zeit zum Narren halten, und man kann einige Menschen alle Zeit zum Narren halten, aber man kann nicht alle Menschen alle Zeit zum Narren halten.**